El trabajo
en la posmodernidad

PABLO MAISON

El trabajo
en la posmodernidad

Reflexiones y propuestas
sobre las relaciones humanas en tiempos
de la Generación Y

GRANICA

BUENOS AIRES - BARCELONA - MÉXICO - SANTIAGO - MONTEVIDEO

© 2013 *by* Ediciones Granica S.A.

ARGENTINA
Ediciones Granica S.A.
Lavalle 1634 3º G / C1048AAN Buenos Aires, Argentina
Tel.: +54 (11) 4374-1456 - Fax: +54 (11) 4373-0669
granica.ar@granicaeditor.com
atencionaempresas@granicaeditor.com

MÉXICO
Ediciones Granica México S.A. de C.V.
Valle de Bravo N° 21 El Mirador Naucalpan Edo. de Méx.
53050 Estado de México - México
Tel.: +52 (55) 5360-1010 - Fax: +52 (55) 5360-1100
granica.mx@granicaeditor.com

URUGUAY
Ediciones Granica S.A.
Scoseria 2639 Bis
11300 Montevideo, Uruguay
Tel.: +59 (82) 712 4857 / +59 (82) 712 4858
granica.uy@granicaeditor.com

CHILE
granica.cl@granicaeditor.com
Tel.: +56 2 8107455

ESPAÑA
granica.es@granicaeditor.com
Tel.: +34 (93) 635 4120

Diseño de tapa: EL OJO DEL HURACÁN®

www.granicaeditor.com

ISBN 978-950-641-766-6
Hecho el depósito que marca la ley 11.723
Impreso en Argentina. *Printed in Argentina*

Maison, Pablo
    El trabajo en la posmodernidad : reflexiones y
propuestas sobre las relaciones humanas en tiempos
de la Generación Y. - 1a ed. - Buenos Aires : Granica,
2013.
    176 p. ; 22x15 cm.

    ISBN 978-950-641-766-6

    1. Relaciones Laborales. I. Título
    CDD 658.3

ÍNDICE

AGRADECIMIENTOS

A mi familia, a quien le debo casi todo lo que soy.

A mis amigos, quienes siempre me ayudan a ser mejor persona.

Al Colegio Mariano Acosta, que me formó en los valores humanos fundamentales.

A la Universidad de Buenos Aires, que me dio educación de calidad a cambio de nada.

A mis compañeros y mi equipo de Unilever, que me permitieron aprender casi todo lo que sé profesionalmente.

A Jorge Mosqueira, quien primero me inspiró como profesor y luego me motivó para que escribiera un libro.

A Vicky De Masi, quien desde su magnífica perspectiva de periodista me ayudó a escribir este libro.

PRÓLOGO

Este es un libro necesario. Una afirmación de este tipo obliga a que sea justificada. Necesario, ¿por qué y para quién? La respuesta definitiva se encuentra en la totalidad de sus páginas y estas palabras preliminares solo contienen algunos subrayados, lejos del propósito de inducir a una lectura condicionada. Cada lector, como siempre y afortunadamente, tiene la potestad inalienable de disentir y elaborar sus propias ideas o conclusiones.

Por qué es necesario

Porque el autor no es un teórico que basa sus propuestas desde la soledad de su ordenador luego de pasearse por encuestas o entrevistas. Ha estado y está "en la línea", como suele decirse en la jerga empresaria, tomando decisiones, arriesgando su prestigio y respeto a través de acciones que impactan sobre cientos o miles de personas dentro de esas micro sociedades que son, en definitiva, las empresas. En el vértigo de las demandas de todo tipo –jefes, subordinados, pares, operarios, empleados–, se detiene a pensar en lo que está haciendo y lo que habrá de hacer. Coincide, de algún modo, con el primer renglón de *La Divina Comedia*, de Dante Alighieri, escrita hace 700 años. Tanto tiempo, se sabe, es lo más parecido a una eternidad para las generaciones de hoy.

Valga la aclaración: no estamos comparando obras literarias, sino situaciones de vida. El texto de Dante se inicia con una frase que anuncia lo que vendrá: "En medio del camino de la vida, me encontré con una selva oscura". Alighieri había llegado al umbral de sus 40 años y se cuestionó sobre lo hecho y lo que quedaba por hacer. Así nace el impulso por escribir su descenso a los infiernos, el camino natural que se nos abre si nos atrevemos a cuestionarnos en serio. No será, en esta oportunidad, Virgilio el cicerone que conducirá al protagonista en su trasvesía, sino un joven que hace una pregunta conmovedora: "¿Valió la pena?". Se refería a lo hecho hasta ese momento. Ponía en jaque todo el esfuerzo, todo lo ganado y lo perdido y, a la vez, ofrecía su mirada novedosa, muy diferente de la que su interlocutor había sostenido durante muchos años y que hasta ese momento lo justificaba. Las nuevas generaciones se habían hecho presente. En vez de ignorarlas o rechazarlas, Pablo Maison las reconoce y va más allá: busca entenderlas.

Las empresas, como casi todo en este mundo, tienen algo de infernal y algo de celestial. Internarse en ellas sin impregnarse de los eslóganes de las publicaciones y los congresos seudoespecializados implica un esfuerzo para no quedar atrapado, fosilizado por las recetas. Siempre es más fácil repetir consignas, economizando actividad neuronal, o, en los peores casos, posicionarse como personaje actualizado, en sintonía con la moda de turno, o bien con el objeto de vender servicios de consultoría. Nada de esto se encontrará aquí: ir contra la corriente mercantil de las ideas es un riesgo que el autor asume, invitando a una lectura desprejuiciada e inteligente. No hay frivolidad ni cuentitos infantiles intentando abastecer a aquellos dirigentes de empresas que desean encontrar soluciones fáciles. He aquí su mayor valor, lo que no significa que el desarrollo de las propuestas cargue con rebuscamientos intelectuales de difícil comprensión. Como se señalara más arriba, el autor tiene como profesión comunicarse con otras personas y, por lo tanto, el compromiso de ser comprendido, un hábito que persiste cuando enfrenta la responsabilidad de escribir un libro. De modo que no hay por qué asustarse. El lenguaje es llano, aunque se advierte, detrás de la sencillez, un trabajo de investigación muy serio que avala cada una de las observaciones y conclusiones.

Se han licuado las propuestas turbulentas de origen social y político. La organización del trabajo está sufriendo, en este inicio del siglo XXI, ya no una revolución, sino una mutación. El cambio llega a través de la tecnología, invadiendo las relaciones interpersonales y, por lo tanto, atenta sobre los paradigmas establecidos desde hace décadas. Los jóvenes están construyendo, en este contexto, su nuevo mundo donde las empresas deberán habitar o, más precisamente, sobrevivir. La comprensión y asimilación de los nuevos códigos no es una de las alternativas posibles, sino una necesidad forzosa. La misión que guía a este libro es penetrar en la maraña, despojándose a la vez de los hábitos que van perdiendo vigencia. Tarea compleja, sin duda, pero las páginas que siguen son un intento legítimo para echar luz sobre cuestiones que hacen a la vida cotidiana. Estamos hablando, desde luego, del establecimiento de nuevos vínculos entre un sujeto y sus responsabilidades laborales. Es el mundo del trabajo.

Para quién es necesario

Tienta ubicar en primera fila a los responsables de Recursos Humanos de todas las empresas, actuales y futuros, a los líderes de negocio y a profesionales en general, tanto de la Argentina como del resto de los países, desarrollados o no. Pablo Maison cumple con el modelo profesional esperado en el mundo de hoy. En vez de quedar anclado en la burocracia de los procedimientos, las demandas de lo inmediato y el cumplimiento de órdenes, traza un mapa de situación que abarca pasado, presente y futuro de la sociedad. Identifica la inevitable relación que una empresa tiene con esta, y sus influencias mutuas. Es la realidad que muchos de sus pares niegan o son obligados a negar. Han aparecido jóvenes a la manera de Bartleby, el célebre personaje de Herman Melville, que ante una orden de su jefe responde: "Preferiría no hacerlo". Ya hay cientos, miles y muy pronto millones de "bartlebys" que no tienen intención de canjear su calidad de vida por una remuneración, por más alta que sea. He aquí un conflicto. El deseo infinito de consumir se satisface, en parte, mediante la obtención de mayor cantidad de dinero. Los esquemas remuneratorios se basan en que gana más el que más alto llega en la Corporación. La figura del burro y la zanahoria –el llamado "éxito", como se verá– ha funcionado bastante bien hasta ahora, pero si el burro cambia sus gustos alimenticios, tenemos un problema. De nada sirve irritarse o deprimirse ante esta novedad. Es necesario buscar otras vías, investigar sobre estos cambios, saber qué le apetece ahora al burro para que siga caminando en la dirección esperada. O tal vez obligue a cambiar de dirección, no podemos saberlo todavía. Estas cuestiones son las que se abordan en este libro, que contribuye a plantear una problemática a enfrentar, en una ola tan próxima que ya está humedeciendo la planta de los pies de todo aquel que ocupa una posición de liderazgo.

¿Cómo llegamos hasta aquí? ¿Adónde vamos? Son las preguntas vigentes que este libro intenta responder, sin prejuicios y con una mirada abierta.

La escasez de enfoques de este tipo entre los dirigentes de las empresas es una preocupación adicional. La necesidad de subirse a alguna loma para saber dónde se está parado no se resuelve con ningún GPS convencional ni a través de Google Earth. Hay una gran diferencia entre los territorios físicos y los sociales, porque en estos últimos estamos involucrados. Nos es difícil superar el nivel del piso a menos que trepemos por los escalones del intelecto y los afectos, apasionándonos por la búsqueda de horizontes distintos, inesperados o, al menos, adecuados. De esto se trata la re-flexión: curvarse sobre sí mismo para entender a los demás. Un acto noble si se quiere pero, fundamentalmente, necesario, donde el texto que se despliega a continuación encuentra su lugar.

JORGE B. MOSQUEIRA
Noviembre de 2012

INTRODUCCIÓN

Mi madre está atravesando la peor crisis de su enfermedad. El sábado fui a la clínica porque quería verla, estar un rato largo con ella. Pero fue tan fuerte la sensación que tuve que retirarme de la habitación. Me paré en el pasillo y la idea vino sola: una nueva expatriación en medio de este difícil momento familiar. Una nueva gran oportunidad en mi vida profesional mientras a mi mamá se la lleva esta enfermedad. Estaba sumergido en ese pensamiento cuando apareció mi sobrino, un chico excelente y gran profesional.

"Me enteré de tu nombramiento, te felicito, tío. ¿Cuándo te vas para Londres?", preguntó. No me dio tiempo para elaborar una respuesta que ya estaba ponderando mi carrera, todo lo que significaba que un argentino llegara a una posición tan importante en una compañía multinacional. Y de repente soltó una pregunta que me tocó un lugar del alma al que pocos habían llegado: "¿Valió la pena, tío?". Era la primera vez en mi vida que alguien, tan ingenuamente, me enfrentaba a un interrogante que me dejó pensando todo el día. Repasé todo lo positivo: éxito profesional, dinero, respeto, prestigio, crecimiento personal, suceso individual y también de los equipos, reconocimiento... Me di cuenta de que veía muy claro lo que tenía en el haber. Pero a pesar de esa seguridad nunca me había hecho una pregunta tan sencilla y tan profunda a la vez, simplemente porque jamás me detuve en los aspectos negativos de la vida que elegí. Tantos años en el exterior, tantas responsabilidades, tanta exigencia conmigo mismo y con el resto, tantas horas en la oficina y tantas no horas con

mis hijos. Tantas ausencias en eventos familiares, tantos hoteles, tantos aviones. Y tantos etcéteras. Recién en ese momento pude armar su pregunta en mi cabeza. ¿Había valido la pena, tanto?

Esa pregunta, en apariencia tan simple, es la que me llevó a escribir este libro. Surgió en una de las tantas conversaciones que, por mi profesión, tengo con ejecutivos del más alto nivel. Ese "valió la pena" encierra un dilema al que pocos queremos acercarnos, no solo en el ámbito laboral, sino en la vida en general. Para quienes trabajamos en corporaciones lo positivo en términos de nuestra preconstrucción de modelo de "éxito" siempre está más a mano cuando tomamos una decisión. Miramos esa columna del haber, sintiendo que es lo mejor para nosotros, sin observar muchas veces la otra columna, la del debe. Pero en la vida corporativa nada está diseñado al azar. En la carrera laboral hay un mecanismo que opera de manera seductora, algo encantador. Esa idea incuestionable de éxito es lo que el capitalismo moderno ha instalado en mentes y corazones. El sistema de creencias de las compañías impone ese modelo y en él radica la dificultad de cuestionar el acuerdo implícito de éxito. Las decisiones que tomamos están ligadas al progreso individual, y no siempre a la felicidad. No se trata de un plan maquiavélico de parte de las empresas: el devenir del sistema requería que hasta hoy el concepto de "éxito" fuese incuestionable porque las compañías dependían de la gente que quería ser exitosa; necesitaban que en su engranaje esas personas deseosas de éxito activasen su pulso interno. Su fórmula: a mayor búsqueda de éxito, el desempeño sería superior. Así obtenían la milla extra de cada uno de los empleados, especialmente de los ejecutivos. De esa forma las organizaciones se volvían más competitivas. Era difícil cuestionar lo que se promocionaba como "éxito en la vida".

No veo negativo que las compañías busquen activar ese pulso interno, pero las empresas responsables deben tener límites en la exacerbación de esa búsqueda, respetar el precio que pone cada empleado. El primer límite es no presionar con la idea de crecer, crecer y crecer. Invitar a ir por más en términos individuales no está mal, pero tampoco a cualquier precio. O lo que es peor, al precio que se le ocurra a la propia compañía.

¿Recuerdan el estereotipo de ejecutivo que impuso el siglo xx? Era el modelo de profesional exitoso. Ese profesional exitoso integraba las organizaciones que proponían la idea del desarrollo de la carrera vertical y permanente, de los resultados a cualquier precio, de la búsqueda del potencial individual, de la guerra por el talento diferenciando entre mejores y peores. Formaba parte de las empresas donde la ambición permanente y sin límites definía el éxito. Pero lo que no propusieron las corporaciones, lo que velaron, era todo lo que quedaba en el camino en pos de la mejora en el desempeño individual y del ya mencionado éxito. Desde la dinámica interna del ascenso, pasando por el sistema conceptual de los libros hasta la usina del pensamiento general, el foco estaba puesto en cómo podemos ser –aun– más exitosos. De qué modo ser mejores gerentes, en lo posible en diez resumidos pasos, cómo tomar decisiones rápidas y efectivas, de qué forma negociar mejor. Consignas asociadas a las maneras de competir y, claro, de ganar. Hace 22 años que trabajo en compañías trasnacionales, y por eso tengo la posibilidad de mirar en perspectiva y sentir que algo está cambiando, y al detectarlo, la motivación para escribir este libro tomó impulso. Eso que está pasando, que palpita, es la irrupción de la tan vapuleada e inentendida "Generación Y", jóvenes incorporados al mercado laboral con este nuevo siglo.

Esta generación comenzó a hacerse preguntas y también a plantearlas sin filtro. Felicidad antes que éxito profesional sería una mirada reduccionista, pero vale como introducción. Quizás esto sea lo que nos diferencia y también lo que nos molesta a los de otras generaciones. A los que invertimos años en ese modelo que compramos, nos enoja porque tal vez, aunque nos cueste entenderlo o aceptarlo, ellos son los que vienen a desafiar nuestro sistema de valores, nuestro *statu quo*. Ese sistema por el que dejamos sangre, sudor y lágrimas en los últimos 20, 30 o 40 años de dedicación corporativa. Que nos les gusta trabajar, que no se ponen la camiseta o que detestan a los jefes y, ya que estamos, que no se quieren ir de la casa de sus padres ni asumir responsabilidades. Esos son los cuestionamientos que se escuchan en muchas compañías. Argumentos a los que se recurre para referirse, duramente, a esos jóvenes de entre 20 y 30 años. ¿Qué hay en nuestras mentes y corazones para sentirnos tan molestos y amenazados? El desafío es, entonces, entender qué hay detrás de esta generación, y no conformarnos, como si tuviésemos un escudo protector, con acusaciones. Si en definitiva son estos jóvenes los que van a liderar nuestras organizaciones en diez años, si finalmente su sistema de valores se va a imponer cuando ellos manden, si son los consumidores del mañana (y casi del hoy) y nuestras compañías tendrán que venderles productos, servicios, si ellos decidirán las compras de sus hogares en un futuro... cómo se explica que ni siquiera nos preguntemos contra qué nos estamos peleando. Concedo: ninguna generación entiende con facilidad a la anterior, es parte de la vida. Pero si hablamos de la Generación Y, el nivel de irritación que origina nos está queriendo decir algo más. Y ese *algo más* quizás no apunte a otro lado más que a nuestros miedos y nuestra imposibilidad de cuestionar el modelo de éxito que compramos hace tanto tiempo porque sería tal vez una forma de cuestionarnos a nosotros mismos. Y una de las características de nuestras generaciones pasadas es interpelarnos lo menos posible.

Dos generaciones, los que ingresamos al mundo del trabajo en el siglo pasado y los del milenio, nos encontramos atravesados por la posmodernidad laboral.

Antes de continuar, y como un mojón para el resto del libro me parece relevante definir conceptualmente a qué llaman "posmodernidad" los científicos sociales en la actualidad, para luego sí penetrar en profundidad en las características de este período con foco en el mundo del trabajo.

El término "posmodernidad" empieza a surgir en la segunda mitad del siglo XX y toma mayor impulso hacia los años 80, como una forma de diferenciar esta etapa de la anterior, la modernidad. Posmodernidad es un concepto que engloba un conjunto de movimientos culturales y filosóficos que surgen de una nueva mutación del proceso de globalización de la economía mundial.

Muchos sociólogos coinciden en la dificultad de encontrar una definición precisa de posmodernidad, en esencia porque se trata de un movimiento que se da en el presente y, por tanto, se dificulta definir marcos teóricos con una perspectiva temporal mayor. Esa indefinición conceptual es a su vez una idea paradigmática de esta nueva era, en la cual la falta de un orden o sistema es su característica principal. Quizás la palabra que mejor defina esta nueva era sea "hibridez" por la falta de características e ideas concretas y definidas que marquen fronteras con épocas anteriores. Esa hibridez está muy relacionada con la dilución de las ideologías políticas en los términos en que las conocíamos antes. Por eso, se habla de la Generación Y como una generación despolitizada en términos políticos/partidarios/ideológicos, y se la conoce más por sus ideas/valores/preocupaciones relacionadas con grandes temas globales, como la ecología, la responsabilidad social, la participación democrática y la queja brutal contra gobiernos e instituciones.

Se me ocurre que el movimiento de Indignados españoles o los jóvenes de la Primavera Árabe quizás representen la idea más acabada de lo que podríamos llamar movimientos políticos de la posmodernidad.

En el primer caso, como queja por la situación político-económica de España; en el segundo, como una expresión ferviente de oposición a los gobiernos dictatoriales árabes; pero en ambos casos fomentados por la interconexión tecnológica a través de las redes sociales. Ejemplo que muestra a las claras el lugar central que ocupa la tecnología en esta nueva etapa.

La posmodernidad define nuevas formas de pensar el arte, la política y la vida social a partir del agotamiento de los sistemas de la etapa moderna de la globalización.

Esta era también está marcada como en el pasado por la integración de economías nacionales a un único mercado capitalista, pero los jóvenes del hoy tienen un rol individual y colectivo más activo que en el final del siglo xx, en gran medida por esa participación en redes sociales, y la absorción de la cultura global a partir de Internet. Lo que trae la posmodernidad es la aparición de nuevos territorios, que son diferentes de los que conocimos en la etapa moderna. Este cambio, del cual es mucho más difícil definir sus características, sin dudas lleva en el centro de su dinámica a las nuevas tecnologías que, como veremos a lo largo del libro, han impactado fuertemente en las conductas y valores de la Generación Y.

La definición personal con la que me siento más cómodo de posmodernidad (a los fines de darle un marco conceptual al libro) sería: etapa en la cual la interacción entre las nuevas tecnologías y la Generación Y ha concebido un sistema cultural, ideológico y de valores que origina cambios radicales en las instituciones de todo tipo (políticas, religiosas, empresariales, educativas, etc.). Estos cambios en las instituciones implican, en suma, cambios sociales profundos.

A lo largo del libro veremos cómo esta relación entre las nuevas tecnologías y la Generación Y van construyendo nuevas conductas que impactan en las sociedades y definen nuevos marcos de actuación para todos los participantes. Pondremos la lupa especialmente en esta llamada posmodernidad en el ámbito del mundo laboral global y local.

En el anteúltimo capítulo intentaré cerrar el círculo conceptual de la posmodernidad laboral, pero antes es importante describir las características de la Generación Y, y su impacto sobre las organizaciones y las generaciones previas con las que allí interactúan. Generación del Milenio y Posmodernidad, Posmodernidad y Generación del Milenio. Es difícil separarlas porque una es producto de la otra, y viceversa.

En esta era de convergencia tecnológica y de redes sociales debemos convivir, relacionarnos, tolerarnos y, ante todo, entendernos. Veremos, a lo largo de este ensayo, que las reglas del *engagement* (compromiso) cambiaron, al igual que las necesidades de liderazgo. Que el equilibrio entre la vida personal y el trabajo es condición indispensable para lograr armonía en una empresa. La gestión del talento, los puentes vocacionales y la extensión de la calidad de vida profesional son otras aristas que emergen en la posmodernidad laboral. No es posible entender todos estos cambios de la nueva vida laboral sin el marco referencial que implica la irrupción de una nueva generación en el mercado de trabajo global que es, a la vez, actor principal y emergente de lo que llamamos posmodernidad.

Quienes trabajamos en el área de capital humano llevamos muchos años intentando entender las características de la Generación Y. Ese proceso culminó, y pobres de las organizaciones de cualquier tipo que estén todavía en etapa exploratoria. El desafío del ahora es cómo lograr que nuestras corporaciones se adapten de la manera más rápida y armónica posible para recibirlos, desarrollarlos y generar espacios de trabajo que les permitan dar lo mejor de ellos. ¿Qué pasa con el ejecutivo que perdió lo que la Generación Y valora como un tesoro imposible de negociar? El trabajo deja de ser el eje, se desplaza. Los pilares de la Generación del Milenio, ese tesoro que no se negocia, es la familia y los amigos, el ocio, el deporte y la salud, la diversión. Lo cierto es que los Y no son solamente los jóvenes empleados que se están integrando a nuestras empresas, se trata también de nuestros hijos, y por eso es tan importante que podamos entenderlos desde todas las dimensiones posibles.

Por otro lado, preparar y adaptar nuestras organizaciones a los Y nos ayudará a que el salto de la Generación Z (es decir, quienes hoy son adolescentes) al mundo del trabajo no sea tan traumático. Es importante mencionar que los Z tienen características similares a las de los Y, aunque cruzados por mayor diversidad e impacto tecnológico, menos concentración y mayor exacerbación en términos del cuestionamiento jerárquico. Por tanto, la disrupción, en la medida en que no estemos preparados, puede ser aun mayor.

Por último, me parece importante aclarar de antemano que el libro está esencialmente enfocado a una importante porción del mundo laboral que mayoritariamente incluye a aquellos empleados que trabajan en relación de dependencia y que han tenido la oportunidad de acceder a un grado de formación profesional de nivel terciario como mínimo. De todas maneras, en el último capítulo, y para dar una perspectiva más amplia, enfoco el fenómeno de la posmodernidad laboral y la Generación Y en otro sector más amplio de la población laboral, aquellos que tienen un nivel educativo inferior y sobre todo, a quienes están excluidos del mercado de trabajo por su imposibilidad de acceder o completar el referido proceso de educación formal. Sentí que ese capítulo final era una buena manera de no excluir a esa tan importante base social también de este libro. Como profesional de Ciencias Sociales y como responsable del capital humano de una organización que respeta a quienes la forman, estoy convencido de que un aporte posible de mi parte puede ser interpretar el cambio mencionado que se está produciendo en las organizaciones, a partir de factores empíricos recogidos a lo largo de mi recorrido laboral conectándolos a la vez con algunos marcos teóricos referenciales. Decodificarlo para entender, y así esbozar líneas que nos ayuden a cambiar y adaptarnos al nuevo contexto.

Los Y piden "acá y ahora". Reclaman el disfrute. Hagamos la prueba, tratemos de desenredar si todo lo que pusimos en juego en nuestros años –décadas, quizás– de vida corporativa valía la pena.

EL CONTEXTO GLOBAL DEL TRABAJO

Son muchos los aspectos que podría elegir para caracterizar el mundo del trabajo actual. Por su valor esencial para el resto del libro, en este primer capítulo selecciono solo tres particularidades de él: qué ocurrirá con la demanda global de trabajo, la virtualidad como nueva forma de establecer relaciones laborales, y la importancia que cobrará la integración de grupos de trabajo en los que los nativos digitales interactúen con colegas de generaciones anteriores.

Esta triple descripción nos servirá para entender el marco global en el cual la Generación Y ingresa y comienza a desarrollarse en los mercados de trabajo.

La demanda estará en los países emergentes

Corría 2004 cuando Jim O'Neill, economista global en Goldman Sachs, lo determinó en cuatro letras. Eran las iniciales de los países potencias del futuro, esos que se perfilan como economías dominantes hacia 2050. Brasil, Rusia, India y China: el BRIC, sin más. A esa sigla habría que agregarle ahora unas cuantas letras porque son muchas las naciones emergentes que se van sumando al crecimiento acelerado o muy por arriba del de los países desarrollados. O'Neill los postuló con motivo: están superpoblados, tienen materia prima, mayor estabilidad política que en el pasado y un acelerado crecimiento de su consumo interno. La proyección es optimista. Sin embargo, los mercados laborales de China, India, Brasil y Rusia están enfrentándose a varias dificultades. Por un lado, demandan profesionales calificados, a partir del desarrollo de casi todas las industrias. Necesitan mano de obra especializada y, al mismo tiempo, deben atender la explosión interna de los sectores de la construcción, la ingeniería y la manufactura, por caso. Buscan, casi con desesperación, profesionales con el objetivo de dar respuesta a su crecimiento. El crecimiento es vertiginoso, y su sistema de educación, por precario, no da abasto para formar trabajadores al ritmo de las necesidades del mercado. En consecuencia, estas nuevas potencias tienen menor oferta de profesionales respecto a la demanda. La combinación de mayor necesidad de habilidades y carencia de un sistema de educación público sustentable que se equilibre con el privado hace que, en muchos casos, haya un problema adicional a la hora de formar profesionales. El continente europeo y los Estados Unidos siguen generando trabajadores calificados. Pero, a diferencia de lo que ocurría antes, en el futuro el trabajo no va a estar allí, sino en los países que actualmente están en vías de desarrollo. Si antes un proceso migratorio muy común era que un brasileño se mudase a Londres, hoy se produce cada vez más la situación inversa. Para un profesional calificado que vivía en un país en vías de desarrollo significaba un gran paso. Era una aspiración porque los esfuerzos de su vida estaban puestos en construir una carrera que le permitiera ir a vivir a Inglaterra. Podía imaginarse el estilo de vida con facilidad: lo veía en las películas o lo conocía a través de otra persona que ya había estado ahí. Sabía que era una ciudad lluviosa, que los salarios eran tentadores, que había otra capacidad de ahorro y que iba a tener acceso a otro nivel de educación y salud. Ganaría, en definitiva, en calidad de vida. Pero ahora la demanda viene del Tercer Mundo. Y entonces, el proceso migratorio se invierte con los consecuentes impactos: cuando un londinense debe instalarse en Mumbai o San Pablo, se genera una incertidumbre que en los procesos migratorios previos no estaba tan presente. Y el punto de conflicto radica especialmente en qué va a pasar con la calidad de vida de ese profesional y su familia porque hasta ahora los modelos culturales los aprendíamos de los países centrales, no de los de la periferia. No sabemos cómo se vive, y sobreviene la duda. El modelo de éxito del que hablamos en la introducción de este libro, estaba muy relacionado con el Primer Mundo y con su calidad de vida y la aspiración de pertenecer a él. Era el que preveía una mudanza laboral a Londres, Nueva York o París. Pero no a Mumbai, Shangai o Moscú.

Las nuevas formas de trabajo, marcadas por la virtualidad

La nueva era del trabajo está marcada por la virtualidad. Esa es, quizás, la característica principal de este tiempo. Con la incorporación masiva de la tecnología al trabajo, la oficina es un lugar en vías de extinción. Wi-Fi, *laptop*, teléfonos inteligentes que funcionan en plazas, en bares o en nuestros propios hogares. El avance tecnológico empieza a barrer los espacios laborales por tradición. Bienvenidos al trabajo virtual, una puerta al futuro, un problema para los jefes y un gran atractivo para la Generación Y, aunque para ellos también se vuelva un tema complejo, como veremos más adelante. Algo no cambiará en este nuevo contexto global del trabajo. El empleador, como siempre, necesita comprometer a su empleado. Sabe que si genera ese compromiso, que de ahora en más llamaremos *engagement* (porque en inglés es una palabra más precisa que combina la idea del "enganche" y el compromiso), mejora los niveles de productividad de la compañía. La cuestión es que la gente ya no trabaja como antes: la oficina se "está mudando" al lugar donde está ese joven hiperconectado que brinda sus servicios a la empresa. El control, es inevitable, tenderá que mutar. Los Y no quieren ser vigilados ni tener un lugar físico fijo de trabajo. E ir en contra de esa premisa es pelearse con el futuro: los empleadores que batallen contra las necesidades de los Y perderán talento en sus organizaciones. La virtualidad pasa a ser un requisito fundamental para que las compañías generen el lugar de trabajo adecuado. Para hacerlo deberán reemplazar el control físico por la confianza virtual. Esto genera una forma distinta de relacionarse y, en ese sentido, empleado y empleador se ven afectados por igual. En un marco virtual, el jefe quizás esté sentado en algún lugar de Brasil, y el empleado le responda desde la Argentina o China. Virtualidad y Generación Y van de la mano. Nada mejor que decirle a un veinteañero que puede trabajar desde el lugar que prefiera. La cuestión es que ese joven empleado, sobre todo en las etapas iniciales de su carrera, necesita un tutor, un guía, un jefe. Así como necesita un padre, una madre o alguien que cumpla ese rol. Buscará extender esa contención de la que goza en el hogar del que todavía no se ha emancipado. Reclama un jefe que esté cerca, que lo escuche, que le hable, reclama *feedback*. Eso, en la virtualidad, está del otro lado del río, en la orilla de enfrente. Entonces, ¿cuáles pueden ser los nuevos puentes? La relación que se establece con un jefe, en este contexto, es por chat, teleconferencia o, con suerte, presencial algunas veces al año. Al final del día, lo que probablemente sentirá ese empleado es ausencia que puede traducirse en angustia. Necesita a su jefe así como demanda el vínculo con sus padres, porque todavía no lo rompió. Y cuestiona a sus jefes como interpela a sus progenitores. Esto marca otra gran diferencia con generaciones anteriores, verticalistas y jerárquicas. Por obvias razones, los más jóvenes están bien preparados desde lo tecnológico, pero menos desde lo emocional para este nuevo contexto global del trabajo marcado por la virtualidad. Así como el lugar físico de trabajo se diluye, el espacio personal también. La avanzada tecnológica naturalizó el "24 por 7". El límite entre el trabajo y la vida se vela, y esa erosión también genera angustia. La tecnología cautiva y las compañías toman ventaja de sus beneficios. Sin embargo, el resultado puede ser el mismo: un empleado angustiado. La angustia laboral produce pérdida del compromiso, una baja en la productividad y rotación creciente. ¿Será un proceso por el cual los más jóvenes están dispuestos a pasar?, ¿a cambio de qué? Las grandes organizaciones, las que pretendan construir carrera y talento, deberán pensar qué hacer con la angustia que dispara la virtualidad o cómo hacer para no generarla. O idear la manera de compensarla mejor.

Es complejo porque estamos envueltos en una gran paradoja: los jóvenes aman la virtualidad que brinda la tecnología, pero añoran la guía y la candidez que da la supervisión física y permanente. Cómo resolver el equilibrio entre ambas demandas quizás sea uno de los mayores desafíos que nos depara el futuro y que debemos empezar a resolver hoy. Virtualidad con acompañamiento y seguimiento. Parece fácil, pero no lo es. Requiere de adaptación de los líderes, y de entendimiento de ambas partes. Este nuevo escenario pide una adaptación del modelo de liderazgo y, sin un cambio en ese sentido, a la gente joven le va a atraer cada vez menos el mundo corporativo si el dilema anterior no es resuelto de manera efectiva. ¿Por qué querrían si es más lo que pierden que lo que ganan?

Las empresas intergeneracionales y una crisis para aprovechar

La incorporación tecnológica y el trabajo virtual son modalidades aceptables, tolerables y absorbibles por los más jóvenes, más allá de los conflictos que les generan. Pero para los que no somos nativos digitales, sino de la televisión y de la radio, presenta desafíos mucho más grandes. Aunque parezca que en el escenario que planteo no hay lugar para los no digitales, ellos tienen un papel protagónico. Son los que ayudan a trabajar, a planificar las carreras y a liderar a los nativos digitales. La tecnología une y, en ese sentido, un líder de generaciones anteriores debe ayudar al Y a entender cómo funciona un negocio, mientras que, de modo inverso, su empleado joven puede enseñarle a construirse en el mundo virtual. Lo que empieza a cambiar es el concepto de liderazgo: el jefe no solo instruye, también está ahí para aprender. Se trata de un paradigma mental diferente que diluye el concepto de jerarquía. La consigna hoy es trabajar juntos, enlazados por la tecnología. El jefe no tendrá opción. Deberá guiar a su empleado y dejar que lo guíen, que lo digitalicen. El modelo del líder que sabe todo y el empleado que solo tiene que escuchar y obedecer caducó. Si las organizaciones se resisten al nuevo modelo de liderazgo inverso, serán ineficientes para sacar lo mejor de sus *networks* (redes de trabajo). Las *networks* son la base sobre la que deberán apoyarse las organizaciones para poder crecer y desarrollarse. Por supuesto que este proceso genera crisis internas, y a las crisis hay que entenderlas antes que negarlas, porque —sabemos— por más que no las escuchemos no significa que no estén allí, omnipresentes. En general, no reconocerlas es un error en el que caen muchas compañías. Hay dos caminos: no entenderlas, despreocuparse y, por tanto, negarlas. O el opuesto, que consiste en meterse de lleno para conocerlas y, luego, tratar de solucionarlas. Las organizaciones, con o sin fines de lucro, grandes o chicas, que desconocen sus inevitables conflictos son las que van cambiar con más dificultad y lentitud. La crisis que se produce entre un Y y otra persona de una generación anterior es muy relevante para el resto de la organización. Equivocadamente, las empresas tratan de esconder el conflicto, pensando que él siempre se traduce de una manera negativa para el equipo de trabajo. La virtud de una compañía no está en eliminar el problema, sino en saber entenderlo, canalizarlo y solucionarlo de la manera más rápida y armónica posible. Las que lo logren serán mucho más eficientes y productivas. Y ganarán en el mercado. Las compañías intergeneracionales deben ser abiertas a tener distintos modelos internos. Son empleados que conviven en el mismo lugar, pero tienen hábitos, costumbres y valores diferentes. El punto es trabajar en el respeto mutuo, en la tolerancia y también en el entendimiento. Si no se da naturalmente entre los empleados, las empresas tendrán que hacer un esfuerzo mayor. Estas tres características del contexto global del trabajo traen aparejados cambios muy fuertes en el interior de las organizaciones, que tendrán efectos positivos o negativos según se las entienda y procese. Algo obvio: como siempre, las organizaciones que se adaptan más rápido a los cambios son las que ganan. La dificultad: traducir cambios del contexto y adaptar la organización, sin moverse del propio modelo mental que mayoritariamente está marcado por el propio marco generacional de los que dirigen.

CAPÍTULO II

LA "YRRUPCIÓN"

No existen las corporaciones felices. Es utópico plantear que hay empresas en las que todos sus integrantes están de acuerdo, conformes y contentos con todo lo que ocurre dentro de ellas. Tampoco sería real plantear que los individuos están siempre satisfechos con su propia evolución en una organización. Las generalizaciones, positivas o negativas, en materia de caracterización organizacional son grandes nubes que no permiten ver lo que hay detrás: seres humanos con preferencias, limitaciones, fortalezas, debilidades, temores y otros sentimientos que hacen que los colectivos nunca sean homogéneos y, por tanto, sean imposibles de caracterizar en términos generales.

Desde lo personal, siempre conviven los empleados que crecen más rápido, a los que les va mejor, con aquellos a los que les cuesta y su ritmo de desarrollo es más lento. Todos, como factores humanos, conforman las desigualdades en una organización. La gente tiene ambiciones, necesidades y problemas individuales, y muchas veces la organización no puede responder al ritmo o la demanda propia de cada empleado. Esta es, en sí misma, la esencia de la complejidad de la gestión del capital humano.

Si estos conflictos individuales no son resueltos adecuadamente, con el tiempo, devienen en uno de los mayores desafíos que deben afrontar hoy las compañías: la falta de productividad. Por supuesto que hay otros factores que afectan al grupo en términos colectivos. Tienen que ver con decisiones, sistemas o valores de la organización que impactan en el todo.

Los jóvenes Y han planteado nuevas demandas a sus empleadores, que en muchos casos, al ser desatendidas o desestimadas, producto de la brecha generacional, impactan directamente en su deseo de permanencia en la organización. En consecuencia, se generan crisis internas. Este es un tema que debe preocupar a las empresas porque solo a través de la atención a esas demandas o requerimientos las compañías son capaces de crear mayores eficiencias y mejor productividad, que aseguran el crecimiento sostenido a largo plazo. La clave, la punta del ovillo, es dilucidar cómo las compañías construyen respuestas adecuadas ante las características de la nueva generación.

Veamos en forma muy resumida algunas de las diferencias más importantes entre la Generación X (previa a la del milenio) y la Y, que nos servirán no solo para plantear las nuevas demandas en este capítulo, sino para contextualizar muchas de las ideas de todo el libro:

Generación X	Generación Y
Comienzan a preocuparse por mejorar el equilibrio entre la vida y el trabajo	Presuponen que tendrán equilibrio entre la vida y el trabajo
Aunque en menor medida que generaciones anteriores, consideran el trabajo como uno de los ejes principales de sus vidas	El trabajo no es el eje central de sus vidas
Adoptivos y receptivos frente al cambio	No están cómodos con la incertidumbre que genera el cambio

Generación X	Generación Y
Actitud "Yo"	Actitud "Nosotros"
Cuidadosos de dar confianza y lealtad	Orientados al trabajo en *networks* (redes de trabajo)
Pesimistas y críticos de los gobiernos y las instituciones públicas	Valoran la responsabilidad social empresaria y los altos estándares éticos
Versados en tecnología	Conectados en forma permanente a Internet/redes
Planificadores del futuro	Satisfacción inmediata-presente
División del trabajo entre fácil y difícil	División del trabajo entre aburrido y divertido
Emancipación temprana	Emancipación tardía
Tolerancia a la presión	Baja tolerancia a la presión. Frustración temprana
Comunicación articulada (introducción, nudo y conclusión)	Lo instantáneo y digital les quita articulación comunicacional

Podría mencionar una gran cantidad de demandas tradicionales de empleados a sus empleadores, pero eso es fácil de encontrar en cualquier bibliografía referida al tema. Entonces, veamos aquellas esenciales y específicas que se han transformado en los últimos años y que vienen de la mano de las características arriba mencionadas de las nuevas generaciones.

Nueva generación, nuevas demandas

La importancia de la transparencia

Hoy se combinan viejas demandas con otras, más bien modernas. Más salario y más carrera son las necesidades por tradición. Las nuevas, en cambio, conforman un verdadero desafío: el equilibrio entre la vida laboral y la personal, el buen clima de trabajo, las relaciones abiertas e informales con los jefes, beneficios de flexibilidad, formas de compartir conocimiento, son entre otras las demandas que se han instalado en el centro de la escena con el correr de los años. Esta nueva sobredemanda estresa a las compañías. Uno de los puntos importantes es entender esta combinación de pedidos que tienen que ver con el pasado y con el presente.

Quizás el elemento clave para comenzar a satisfacer todas estas demandas sea la transparencia de las compañías. Es decir, de qué manera se muestran, aceptan y discuten los problemas y necesidades reales del colectivo humano. La clave es que la transparencia debe darse desde el comienzo, incluso a partir del proceso de selección de personal. La honestidad en la presentación y en la "venta" de la compañía es fundamental. Sobre todo porque la transparencia es, para la Generación Y, un valor inclaudicable. Si en la búsqueda de talento y con el objetivo de atraer gente, proclama que el nuevo ingresante va a encontrar condiciones de trabajo ideales, la mejor carrera y el mejor grupo humano, el comienzo será irreversiblemente malo.

Existen compañías que conjugan muchas de esas características, pero exponerlas con tanto énfasis es de por sí un compromiso que difícilmente puedan sostener. La idealización corporativa, si bien es positiva en el proceso de selección, luego es erosiva. Ese escenario irreal crea falsas expectativas, distorsivas, y genera una rápida desilusión en el empleado joven. El efecto es un búmeran: ese mundo maravilloso es imposible de mantener y la relación empleado-compañía comienza a disolverse en etapas tempranas.

Lo ideal sería plantear primero lo positivo de trabajar en una empresa, pero también poner sobre la mesa los "problemas" que la compañía tiene, tanto desde el punto de vista del negocio como de la organización o el clima interno. No existen las compañías perfectas, por lo que podemos estar tranquilos. Si planteamos un panorama realista, no estaremos contando más que la verdad.

La ventaja competitiva de las organizaciones para acceder al mayor talento reside en crear el mejor lugar de trabajo posible, no en afirmar que "somos el mejor lugar de trabajo". La Generación Y solo cree cuando ve, no cuando escucha. "La compañía tiene estos aspectos que son buenos, pero también están estos que no son los mejores y en los que estamos trabajando para resolverlos" sería una amable y, por qué no, transparente forma de presentar a la organización.

La sobrepromesa es otro de los errores recurrentes y que también tiene efecto búmeran. La diferencia entre lo que se promete y lo que se da está directamente relacionado con la transparencia. Si a un joven Y le aseguran que en un tiempo determinado será gerente y en ese lapso no sucede, la desilusión es inminente y la fe en la compañía desaparece. Lo mismo ocurre si la promesa es que su jefe lo va a guiar, cuidar y proteger. Si ese jefe no tiene características de liderazgo o no le transmite conocimiento para que se desarrolle, al segundo día el empleado pierde compromiso por las sobreexpectativas que se le habían generado.

Esta generación está marcada por un proceso de ilusión/desilusión mucho más vertiginoso y frágil que las anteriores, por eso los cuidados a la hora de generar expectativas deben ser mayores.

De todas maneras, esta reacción es tan humana que es común a empleados y accionistas. ¿O acaso qué ocurriría si a mis accionistas les prometo resultados extraordinarios que no siempre alcanzo? La prudencia y la autocrítica son buenas consejeras en estos casos.

La compañía debería ser rigurosa en entender qué le prometió al empleado y, finalmente, saber qué le dio y bajo qué condición trabaja. Lo que prometo antes del ingreso es parte constitutiva y fundamental del contrato psicológico entre empleado y organización. Si no cumplo, rompo ese contrato, la confianza se quiebra y es muy difícil reconstruirla. Este quiebre impacta directamente en el *engagement*.

Escucha y *feedback*

A contramano de lo que sucedía en el pasado, una gran parte del *engagement* de los jóvenes Y depende del jefe inmediato. Para su equipo, ese jefe inmediato es "la compañía" y en su figura están resumidos los objetivos, las actitudes y el conocimiento del lugar donde trabaja. De él depende, en gran parte, la afiliación de su gente. El jefe inmediato tiene un rol central en las organizaciones: las nuevas generaciones buscan el sentido de su trabajo en él.

La honestidad y el tiempo a la hora de hablar con los integrantes de su equipo son fundamentales. Y también es todo un desafío para los jefes: ¿quién quiere confrontar, conversar sobre los puntos débiles, decirle a su subordinado que no está rindiendo en base a lo esperado? Siempre es más fácil dar buenas noticias que malas, sobre todo en las culturas latinas donde se privilegian las relaciones personales; por lo tanto, para los líderes, tener que hablar con sus equipos de aspectos negativos muchas veces representa un gran conflicto.

Sin embargo, tener esas charlas con los empleados forma parte de sus responsabilidades.

Muchas empresas formalizaron este proceso de intercambio y una o dos veces por año los supervisores deben tener los intercambios en privado con cada integrante del equipo y luego informarles a sus superiores que, a su vez, también tienen estas conversaciones con ellos. En ese proceso está naturalizada la obligatoriedad de hablar y documentar las fortalezas, y también las debilidades, en las que jefe y subordinado deben trabajar en un período. Es importante escuchar. Esos espacios son fundamentales porque disminuyen la angustia laboral y el nivel de incertidumbre. Sobre todo a las nuevas generaciones que necesitan ser aun más escuchadas y guiadas en su etapa de formación.

La sincera moderación

"¿Te das cuenta de que te elegimos entre 40.000 postulantes?, ¿tenés idea de lo que eso significa? No cualquiera entra a esta empresa, eh… Imagínate que atrás de ti hay una fila de interesados en ocupar tu lugar. ¡Qué grande!, te felicito. Eso significa que tenés mucho potencial. Ahora hay que usarlo. Bueno, vamos, a trabajar, a dar lo mejor."

Error. Ese joven empleado no se siente Clark Kent. A partir de esa conversación con su superior ya es Superman, un héroe. Una persona con superpoderes que además de comenzar una carrera es capaz, según ese jefe, de cuidar a los ciudadanos de los males del mundo.

Ese desacierto es recurrente y carga de una energía particular a ese nuevo integrante de la empresa, lo infla. El resultado es negativo: no lo ayuda a entender con qué se va a encontrar y no le dice cuál va a ser la mejor manera de ubicarse en el nuevo equipo. No le cuenta que deberá integrarse a un grupo donde hay gente de todas las edades, algunos sin estudios universitarios como él, otros que tienen una carrera construida. No le comunica que él deberá formar parte de a poco, que tiene que ser igual al resto. No le aclara que no es Superman, aunque se haya ganado el puesto entre otros 40.000. Y fundamentalmente no expresa lo que todos sabemos, que como seres humanos siempre tenemos aspectos para mejorar. Eso es al fin el desarrollo profesional: un camino en el que se debe intentar con tiempo ir evolucionando en debilidades y apalancándose en fortalezas.

Es importante entender que, como mencionamos en el primer punto, lo que los Y reclaman (y necesitan) es claridad, honestidad y sobre todo guía. Demandan que se los ayude a integrarse de la manera más armónica posible al nuevo mundo laboral que deberán afrontar.

El trabajo con los ingresantes debe ser de ubicación: es decir, ayudarlos a construir confianza, y no fortalecerles exclusivamente el ego. El jefe debe ayudarlo a que se incorpore y a que se sienta confiado. No a construirle una súper autoestima, porque el final de ese camino es el desengaño, el conflicto con sus pares, la soledad o cualquier otra situación que puede traducirse en angustia laboral.

Políticas de balance entre vida personal y trabajo

Ya se dijo, para la Generación Y hay valores innegociables: los amigos, el ocio, la diversión, el deporte y la familia. Las compañías deben plantear políticas de equilibrio entre vida y trabajo simplemente porque es una manera insustituible de agregar valor a la propuesta como empleador. Si las compañías quieren tener talento, entonces tendrán que entender las condiciones de los Y. No es fácil desde una óptica generacional diferente, pero para eso tendrán que cuestionar su *statu quo*, es decir, su propio sistema de creencias. Esto, claro, requiere de un gran esfuerzo personal y colectivo.

Cuando hace muchos años decidimos implementar el viernes flexible (trabajar hasta el mediodía, o sea, media jornada ese día) en las oficinas de Unilever la propuesta fue inicialmente muy resistida. En las encuestas de clima teníamos demandas insatisfechas con respecto al equilibrio entre trabajo y vida personal. Esta fue una iniciativa que buscaba revertir esa situación. Sobre todo quienes sumaban dos o tres décadas en la empresa y superaban los 50 años se oponían. Es decir, para los que trabajar duro y fuera del horario era un valor positivo. En el directorio asumimos la necesidad del cambio del *statu quo* y decidimos implementarlo. Se constituyó en una práctica novedosa en la Argentina, aunque también despertó muchas dudas en cuanto al impacto en la productividad de la compañía.

Asumimos el riesgo y lo implementamos durante tres meses. Acordamos que si los niveles de productividad bajaban o se veía un impacto negativo en los resultados, entonces lo suprimiríamos. El tiempo de prueba pasó y el viernes flexible no había afectado a los números de la compañía. Ese beneficio fue percibido como uno de los más relevantes por la gente joven y, más tarde, también por las generaciones anteriores. Produjo un cambio drástico en el funcionamiento de la compañía, pero fundamentalmente en el sistema de valores: trabajar más no sería nunca más trabajar mejor.

Trabajar en exceso y que esté bien visto es, claramente, una cuestión cultural. Si se trabaja por objetivos, es importante que se cumplan, no en qué momento se haga. Como cualquier cambio profundo en una organización, para implementar el viernes flexible los primeros que tuvieron que quebrar esa regla histórica de irse los viernes alrededor del mediodía fueron los gerentes, los líderes. Porque ¿quién iba a animarse a irse antes si ellos no lo hacían?

Con este ejemplo quiero expresar que se puede brindar una mejor calidad de vida a los integrantes de la organización sin que afecte los resultados. Pero sobre todo que los cambios del *statu quo* siempre vienen desde liderazgo y de la convicción con la que los líderes abrazan las decisiones que mejoren la calidad de vida laboral. Claro que, para lograrlo, muchas veces hay que cuestionar el modelo interno y contrastar si lo que se le ofrece a los empleados como beneficio es lo que realmente quieren. No es beneficencia. Se trata de cómo es posible crear un mejor lugar de trabajo para que el clima laboral impacte de manera positiva en la productividad colectiva.

La calidad del espacio físico de trabajo

Las empresas deberían poner especial cuidado en el ambiente físico de trabajo, es decir, el lugar donde desarrollan sus tareas los empleados, ya que este es un factor cada vez más relevante para las nuevas generaciones. Es reiterado el análisis de este tema desde el punto de vista del costo, justificar la imposibilidad del cambio por motivos económicos. Lo cierto es que hay posibilidades de cambio de la distribución física de las oficinas que pueden ser hechas con una casi nula inversión. Se trata de tener creatividad y generar "apertura", funcionalidad e individualización de los espacios físicos.

Un primer paso es buscar formas para que la gente participe en modelar y decidir sobre sus propios lugares de trabajo. A la Generación del Milenio le interesa el lugar donde trabaja porque los identifica. No es lo mismo sentarse en un escritorio que está en una oficina oscura, sin ventilación, cerrada, con muebles viejos que en otra luminosa y colorida, con espacio personalizado. A veces se trata de reubicar los muebles, sacar alguno o replantear el sistema de iluminación. Esto es importante porque los espacios de trabajo, además, son lugares de socialización. La individualización que cada joven pueda dar a su puesto de trabajo es también parte de la identificación que desarrolla con su empleo. El joven "es" a través de esa individualización que logra mediante la elección de colores, fotos, espacios. La relación entre su perfil en Facebook y su espacio de trabajo es simétrica: él puede personalizar ambos lugares. Permitir la disponibilidad del lugar de trabajo no tiene costo, aunque sí muchos beneficios.

La apertura general de las oficinas en donde no hay espacios cerrados ni mamparas que separen a unos de otros son una buena metáfora de las redes sociales, donde todos se pueden encontrar al mismo tiempo sin ocultar o tapar nada en la comunicación.

Adicionalmente, y entendiendo que esto sí puede presentar mayores restricciones económicas, es interesante mencionar el caso de muchas corporaciones (mayoritariamente, las tecnológicas) que crearon salones enormes destinados a la recreación dentro de las empresas. Estos "entornos divertidos de trabajo" cuentan con consolas de juegos, microcine, metegol, tenis de mesa, y siguen sumando. Los empleados pueden ir en cualquier momento del día y nadie controla quién está y cuánto tiempo pasan allí. Esta libertad es la que en el pasado podía considerarse anárquica y que hoy es percibida como un marco distinto para crear productividad.

El joven Y puede preguntarse: "Si voy media hora a jugar a la Play Station, ¿me atraso con el trabajo?, ¿o mejor voy a despejarme un rato y vuelvo con más energía para terminarlo?". Esos espacios, sin duda, también generan *engagement*. Y son, además, un beneficio para las compañías: las actividades de entretenimiento desarrollan nuevas habilidades tecnológicas que seguramente serán útiles para el trabajo.

La nutrición y la salud, otros dos valores para la Generación Y, conforman otro pilar sobre el cual las empresas construyen calidad de vida laboral que atienda a esas necesidades. Sentirse saludables no implica una pose estética, sino cuidarse personalmente. Las empresas que ya tomaron nota de esta tendencia del cuidado personal disponen canastos con frutas y cereales en las oficinas y, en el caso de que tengan salón comedor, hay varios menúes saludables para que el empleado elija. Esto que a simple vista parece algo menor significa mucho más: la compañía le está diciendo al empleado "me importa tu salud". Al mismo tiempo, otras empresas ya pusieron a disposición un servicio de nutrición o de medicina general para el que quiera consultar.

Y ya no es una rareza ver a los masajistas dando vueltas por las oficinas. Es un servicio de parte de la organización para que el empleado se sienta cuidado. Y es más un símbolo que otra cosa. Dos veces por semana, los kinesiólogos van a las empresas y pasan por los escritorios ofreciendo un masaje para mejorar sobre todo las posturas indebidas producto de la posición frente a la computadora. También se organizan actividades deportivas, como maratones o caminatas al mediodía guiadas por un *personal trainer.*

Espacio de recreación, masajistas, frutas y cereales, menúes pensados para cuidar la salud, el fomento de las actividades deportivas; son muchas las acciones simbólicas destinadas a cuidar al empleado y, sobre todo, a demostrar la importancia que una organización le da a la salud física y mental de sus empleados. Esto también genera *engagement,* porque significa que hay un alineamiento entre los valores de la compañía y los del empleado. Y no se trata de un gasto. Es, más bien, una cuestión de decisión.

Autenticidad, tolerancia y diversidad

Si ellos van a trabajar como para visitar a un amigo (en *jeans,* zapatillas, informales); si le hablan al jefe como si le hablasen a un par; si dicen, sin filtro, que no quieren horarios fijos, es porque son verdaderamente auténticos, más allá de que coincidamos o no con las demandas. Puede gustarnos o no según desde qué generación observemos, pero la autenticidad con la que actúan es indiscutible. Ellos "son" de una manera determinada y esa forma de ser la extienden indistintamente a sus amistades, al estudio y a su trabajo. Su posicionamiento protocolar o político no es un tema que los preocupe, como sí ocurría con generaciones anteriores. Los miembros de la Generación Y no tienen vueltas, y lo mismo esperan de sus jefes.

Ellos (los jefes, siempre los jefes) tendrán que acostumbrarse. Esa autenticidad que caracteriza a la Generación Y significa buscar en lo más profundo del liderazgo o, mejor dicho, de lo que uno es como persona y, luego, como líder de equipo. Este es el trabajo más complejo que hay que encarar respecto de la Generación del Milenio. Esa autenticidad de los Y necesita una contraparte, precisan a los líderes de equipo. No es tarea sencilla, e insisto, para muchas generaciones precedentes hasta puede ser incómoda, pero es lo que reclama la generación que cada vez más irá ocupando lugar en el mercado laboral.

"Decime la verdad, dale, ¿viene el aumento de sueldo, o no?" "El tema es que no sé si estoy haciendo las cosas bien, porque no me decís nada." "No, mirá, yo prefiero entrar a las 10 porque siento que rindo más si voy al gimnasio antes, ¿entendés?" Al final, las relaciones humanas son todo un arte. ¿Qué jefe se siente capacitado para dar respuestas a esas preguntas? ¿Quién puede contestar a esas formas tan diferentes de las del pasado? Quienes venimos de otras generaciones no estamos acostumbrados a este tipo de confrontación, pedido o cuestionamiento, pero liderar es el arte de adaptarse a los equipos y sus demandas de la manera más apta posible.

Como líderes, solemos esquivar las conversaciones difíciles, no sabemos cómo responder a las demandas que no están alineadas con nuestras propias ideas sin sentirnos cuestionados en nuestra autoridad. La respuesta es una: escuchar y tratar de entender de dónde viene ese reclamo, desde qué lugar se dispara. Ni más ni menos que ponerse un poco en el lugar del otro sabiendo que los jóvenes Y entienden mucho más de liderazgo que de autoridad.

La seguridad personal, la autoestima y la autoconfianza de los jefes es clave para no sentirnos cuestionados en nuestra autoridad y poder liderar a estos jóvenes. Por eso los cursos de liderazgo deberían dejar de centralizarse en recetas, modos o técnicas, y comenzar a trabajar en la construcción de la seguridad personal que ayude a manejar el cuestionamiento y la confrontación a la que los jóvenes exponen a los líderes, cada vez con más intensidad.

Lo mismo sucede con la tolerancia a las diferencias. La riqueza de un líder y la de su equipo devienen justamente de cómo absorben las diferencias, la manera en la que se canalizan y se las pone en juego para que el equipo sea mejor y, por ende, que lo que produzca sea mejor. Ya no funciona el lema "si él está abajo de mí, el que tiene que adaptarse es él". La tolerancia es una ruta que cuesta emprender pero el resultado es tan genuino como la esencia de la Generación Y.

Antes de sentirse vulnerado o cuestionado por alguien más joven, es preciso detenerse y pensar de dónde viene su idea. Porque quizás venga de lugares que uno, que ya es jefe, no conoce. Y de posiciones personales tampoco recorridas. El entendimiento es ponerse en el lugar del otro. Al mismo tiempo, tolerar las diferencias implica promover una cultura inclusiva, y para cumplir ese objetivo hay que empujar los límites, una vez más: quebrar reglas históricas.

Por otro lado, como veremos más adelante, la noción de poder ha cambiado en el nuevo milenio; el que sabe y brinda ese conocimiento, es el que lo tiene. ¿Cómo se construía poder en el pasado, en organizaciones verticalistas? Con jerarquía y control. Hoy la construcción de poder tiene que ver con el conocimiento y con cómo se comparte. Los jóvenes de hoy respetan al que sabe y al que transmite ese saber. Así como "compartir" es un valor clave en las redes sociales, y en la vida en general para los jóvenes, lo mismo sucede con el conocimiento en las organizaciones. El que tiene conocimiento y lo comparte es el que es respetado. La construcción del poder y el respeto se da solamente a través del conocimiento y no de las jerarquías formales como sucedía en el pasado.

La justicia interna

Para generar credibilidad, quienes dirigen en los más altos niveles tienen, entre otras cosas, que demostrar justicia en la gestión. Obviando las diferencias, la justicia interna funciona como la justicia de un país, donde hay reglas que deben cumplirse. Así como en un Estado lo único que garantiza justicia entre los ciudadanos es el respeto a las leyes, en una organización debe haber normas y políticas internas que tienen que cumplirse. Y no deben distinguir jerarquías o consideraciones especiales: son iguales para todos.

Cuando una organización tiene políticas explícitas, los empleados deben poder acceder a ellas, conocerlas. Y la organización debe hacerlas cumplir, sin excepciones. Si no se comunican o respetan, entonces el sentido de la justicia interna empieza a ser cuestionado y su credibilidad se resquebraja. Otorgar beneficios por cuestiones o negociaciones personales o a partir de diferencias de poder interno son dos ejemplos válidos de cómo desconocer las normas.

En la Argentina, las corporaciones en general tienen pocas normas a cumplir o comunicadas ampliamente. Entonces la gente debe adivinar qué le corresponde y qué no, y por qué. Por otro lado, hay muchas excepciones del tipo "te conozco y te doy", o "te doy para que no molestes". Así se corrompe el sistema. La responsabilidad más grande que tiene un directivo o cualquier gerente o líder es que haya igualdad en el cumplimiento de las reglas para que todos se sientan tratados por igual. Los Y observan y demandan esa igualdad con una lupa cada vez más grande.

La mística colectiva

"Hay quien dice que los jugadores más creativos deben estar liberados de tareas defensivas. Yo creo que quien dice eso no sabe nada de fútbol. Los once jugadores deben saber qué hacer en posesión del balón y qué hacer cuando el adversario tiene el balón." Sabio en lo suyo, José Mourinho, director técnico del equipo español Real Madrid, define con elegancia y sentido común cómo deben actuar en la cancha sus jugadores.

Hasta hace poco dirigido por Pep Guardiola, se dice que el mejor equipo del mundo es el Barcelona. En agosto de

2008, el entrenador se dirigió al cuerpo técnico y al plantel, y les comunicó que su lema sería trabajo y solidaridad. El diario español *El Mundo* reprodujo esta frase: "En cuanto al trabajo, les pediré lo máximo en ganas e ilusión. Y les pido solidaridad porque sé que sois muy buenos, sois la hostia. Pero sin el compañero no sois nadie".

El equipo, una máquina sagrada, engranajes que se encajan entre sí con un único objetivo. ¿Qué tiene el Barça que lo diferencia del resto de los conjuntos de otros clubes? Básicamente, buenos jugadores. Pero también hay otros equipos que tienen muy buenos jugadores. Argentina, por ejemplo. La Selección lo tiene a Lionel Messi, pero no ganó nada por mucho tiempo, e incluso tuvo dificultades para engranar desempeños aceptables. Allí radica lo que para mí es la definición más ajustada de talento: la capacidad colectiva de generar ventajas competitivas. Talento no es Messi: es Messi en el Barcelona, en donde la combinación colectiva produce resultados extraordinarios.

El Barça tiene mística. ¿Y qué es eso? La mística es... un conjunto de valores y creencias que está muy por arriba de las personas como individuos, e incluso, está más allá del presente. La mística es un sistema de valores poderoso, que supera lo individual y lo que puede pensar el individuo. Viene del pasado y se traslada al futuro. La mística es la fe colectiva.

En la medida en que uno forma parte de una organización y cada integrante sabe adónde va y para qué está, significa que la organización tiene una visión que inspira y eso ayuda a constituir la mística. Lleva y mueve al colectivo humano. Esa mística, esa fe colectiva que proviene de la creencia en una visión, en una dirección, en un sentido de por qué estoy aquí, es uno de los impulsores más fuertes de *engagement* de los jóvenes Y. No es casual que casi todos los jugadores del Barcelona hayan comenzado su desempeño profesional con el milenio, y se hayan potenciado con la mística descripta previamente.

Ya lo dijimos, la fe colectiva supera la individual. Esa cultura, esa sensación en la piel y en el corazón, es lo que impulsa y diferencia a las organizaciones. El Barça no gana porque tenga al mejor o a los mejores. Hay muchos equipos que tienen excelentes jugadores al igual que el Barça y no por eso sostienen un desempeño de altísimo nivel durante tanto tiempo. Gana porque saben que van a ganar siempre, porque están convencidos de eso. Y saben para qué juegan y por qué juegan. Son los líderes los que pueden aclarar ese camino de gloria y convencimiento.

Los jóvenes quieren trabajar en organizaciones con mística, en las que ganan y saben por qué lo hacen.

Requieren mucho más de ese motor colectivo que los impulse de lo que ocurría con generaciones anteriores que eran más autónomas, autosuficientes y resilientes.

La mística tiene mucho que ver con la creación de la autoestima en las organizaciones. Lo llamaría "autoestima colectiva". ¿Cómo logran las corporaciones que los jóvenes de la Generación Y se suban a la mística? Crear una mística colectiva es tener un sistema de valores confiable, compartido, en el cual la visión sea nutritiva, inspiradora, clara, simple y que se traduzca en objetivos tangibles para todos. Esto, acompañado del festejo de los logros, es la combinación que mueve equipos y organizaciones enteras. Trabajar en una organización que cultive esa mística significa ir a trabajar con la sensación de un jugador del Barça que pisa el Camp Nou.

Dar respuesta en tiempo y forma a las nuevas demandas que he descripto contribuye a lograr esa alquimia colectiva tan difícil que es la mística. Por lo tanto, las organizaciones deben preocuparse por entender y responder a ellas para lograr que el colectivo humano tenga esa mística indispensable para ganar, ya sea en la cancha o en los mercados. Veremos más adelante los posibles caminos a recorrer en la búsqueda de respuestas factibles a estas demandas.

CAPÍTULO III

EL NUEVO LIDERAZGO

La irrupción de la Generación Y obliga a las organizaciones a que se replanteen su estructura y su forma de trabajo. El *top down* –el liderazgo ejercido desde arriba hacia las bases– ha sido puesto en tela de juicio al tiempo que cambia el flujo de información, la tecnología es protagonista y surgen las *networks*, redes de trabajo interconectadas que se alimentan de la colaboración permanente de quienes las integran. La dificultad del cambio para las compañías que todavía no pudieron hacer el duelo del modelo jerárquico tradicional es tan grande que pocas reconocen que este nuevo funcionamiento de la organización puede traerles grandes beneficios.

Por su configuración mental construida a partir de redes sociales (tecnológicas y presenciales), estos jóvenes solo saben trabajar en *networks*. Con lo cual, las organizaciones que logren aprovechar esta capacidad serán las que obtengan más rápido las ventajas competitivas del funcionamiento interno. Las organizaciones no gubernamentales (ONG), por ejemplo, que prácticamente no tienen jerarquías y que trabajan en redes colaborativas permanentes, son organizaciones atractivas para los Y. De allí que tantos se inclinen a participar o, incluso, trabajar *full time* en ellas. Además de la posibilidad de desarrollar actividades solidarias, les atrae el modelo de interacción "desjerarquizado" y colaborativo.

También por el mismo motivo es que cada vez más jóvenes, cuando cambian de ocupación, no se van de una corporación a otra, sino que prefieren desarrollar sus propios emprendimientos en donde las jerarquías y el orden interno del pasado no existirán.

Las grandes corporaciones compiten menos con otras del mismo porte como ocurría antes, y cada vez más con ONG y emprendimientos personales de los más jóvenes.

Plantearnos si necesitamos o no a los Y dentro de las organizaciones es un interrogante inconducente, ¿en qué sentido? Todas las organizaciones necesitan que sean parte porque son sus futuros clientes y consumidores. Quiénes, si no ellos, sabrán en el futuro inmediato cómo venderles productos y servicios a sus pares.

Todas las generaciones tienen características específicas que las diferencian de las anteriores. Todas las organizaciones se van transformando a partir de la influencia que cada generación les impregna. La pregunta no es si pueden o deben transformarse, porque eso ocurre inevitablemente. La encrucijada es a qué velocidad lo hacen. Tarde o temprano, los Y ocuparán lugares de comando clave y posiciones de gerencia general. Entonces, muchas de sus características generacionales se verán impuestas tarde o temprano. Hablamos de cómo generar ventajas competitivas con mayor velocidad para acceder al talento del mercado y asegurar la mayor permanencia posible.

Los jefes deberán, además de desempeñar su tradicional rol de líderes de equipo, enfrentarse a una doble función: resolver problemas y manejar los dilemas de cada miembro, entendiendo las complejidades individuales y no exclusivamente las del conjunto. Porque si bien los *millenials* son trabajadores de redes, también son individualistas en el sentido de la diferenciación de sus necesidades.

La organización, al mismo tiempo, deberá atender a nuevas demandas, que como vimos en el capítulo anterior tienen mucha más relevancia.

Este proceso fuerza a las compañías a transformarse rápidamente, cuestionando categorías antes impensadas para cubrir las necesidades de esta camada tecnológica que privilegia el intercambio de información, que llega para personalizar su espacio de trabajo y para colaborar en forma permanente con su equipo. Pero, sobre todo, que vive su vida a través de la pantalla de diferentes soportes tecnológicos y quiere divertirse y aprender, buscando dividir cada vez menos el ámbito laboral del de entretenimiento.

De las organizaciones jerárquicas a la jerarquía de las redes de trabajo

Se lo escuché definir, tan acertadamente, a la filósofa argentina Josefina Dartiguelongue en una de sus brillantes exposiciones. Los que nacieron cerca del nuevo siglo son la "generación de las pantallas". Se refería así a los que se criaron frente al monitor, los que se comunican y relacionan con pares mediante distintos soportes tecnológicos, como la computadora, la Play Station y el teléfono celular o inteligente. Son los que tienen una atención configuracional: todo lo entienden a través de la pantalla. Ellos abren, cierran, borran, guardan y vuelven a abrir sus relaciones sociales como si la vida fuese una ventana del programa Windows. La juventud digital es la que define al empleado de hoy, y al del mañana probablemente.

La gran pregunta es de qué manera las compañías van a aprovechar la digitalización y el gran conocimiento tecnológico para lograr una organización cada vez más competitiva. ¿Cómo lo lograrán si este nuevo colectivo generacional no construye un proceso de pensamiento tradicional (con introducción, nudo y conclusiones) ni logra un discurso articulado en los términos en que lo conocíamos en el pasado? ¿Cómo, si construyen conocimiento desde las interacciones mucho más parceladas y fragmentadas que devienen del mundo de las pantallas? Las compañías, entonces, deberán aprender a tolerar, aprovechar, combinar y potenciar estas nuevas capacidades: jóvenes multitarea capaces de brindar colaboración permanente y en línea, lo que requiere de una forma distinta de organizar el trabajo.

La nueva dinámica genera un cambio de estilo de mando, y la esencia de este fenómeno laboral reside en el armado de redes. Si antes el líder decidía de acuerdo con la capacidad de los integrantes cuál era la mejor opción para trabajar, ahora son los Y quienes espontáneamente arman sociedades. La premisa es, ante todo, pasarla bien con el compañero, sentirse a gusto con el par. De allí surge la colaboración en primera instancia y la productividad posteriormente. La irrupción de los jóvenes que ingresaron al mundo del trabajo alrededor del nuevo milenio hizo que los equipos empezaran a autodefinirse. A partir de su concepción de red social buscan al par, con el que tienen vínculos positivos, los mismos códigos. La potencialidad de ese equipo va a ser mucho más destacable que la del definido por un tercero, sin importar que ese tercero tenga más "jerarquía".

Esta aptitud para generar *networks* –grupos espontáneos, rápidos, interconectados– se vuelve una ventaja para las organizaciones en la medida en que sepan aprovecharla. Pueden, por ejemplo, resolver problemas en tiempo real, característica que brinda posibilidades novedosas. Nuestra concepción de planificación y discusión en reuniones sucesivas, organizadas y extensas empieza a perder eficacia.

Además, la colaboración permanente obliga a participar, es decir, invita a que el empleado colabore porque en la web, donde todo se ve y queda registrado, el que no participa queda expuesto. Sucede a diferencia de los equipos de trabajo anteriores donde la colaboración era evitable: estaban quienes no asistían a las reuniones, quienes descansaban en las ideas del compañero o quienes pensaban de antemano qué decir. Las *networks* no permiten especular, son equipos que resuelven los problemas en forma instantánea. Y también dejan expuesto al que no las alimenta.

Y aquí surge la maravillosa idea de "enjambre". Un equipo, obreros tecnológicos, trabajando en la *network*, su panal. La alegoría sirve para describir a este grupo de personas que no se chocan ni se pelean, que trabajan al unísono, autogestionándose y resolviendo problemas. Esto es lo que sucede con el trabajo virtual. Y es lo que a primera vista podría diluir al líder. Pero no es así: la necesidad de liderazgo no se reemplaza. Como decíamos en el capítulo anterior, el liderazgo ahora surge del conocimiento y de la forma en la que se comparte y gestiona, no de la autoridad formal.

La *network* debe ser funcional a las organizaciones, sobre todo a las que operan con dispersión geográfica de empleados, porque pueden aprovechar esta capacidad para que la gente trabaje desde cualquier lugar físico –su casa u otro país– y con mucha mayor amplitud horaria. El liderazgo empieza a palpitar el cambio: ya no ejerce el poder de arriba hacia abajo, sino que el flujo de información va y viene, y empiezan a ser las bases las que toman algo de ese poder, poder que tradicionalmente venía de los puestos jerárquicos. Es lo que podríamos llamar la "revolución del liderazgo".

En la *network*, los jóvenes construyen su manera de liderar. El jefe suma sus ideas a las del grupo de trabajo y, juntos, impulsan la inteligencia colectiva. El concepto de jerarquía por tradición se diluye: todos tienen información, todos comparten el poder. Y el rol del líder es más el de un coordinador y catalizador de conocimiento.

El *mentoring*, ese método por el cual los líderes acompañan, asesoran y desarrollan a sus subordinados y donde el jefe "le dice" cómo trabajar mejor al empleado, se transforma en *mentoring* reverso. Se trata de un proceso más largo donde no exclusivamente tiene que ser el jefe el que guíe. En el *feedback* reverso el que está abajo guía al de arriba. Otro golpe a las estructuras tradicionales: para aceptar el *mentoring* reverso hay que dejar de lado el ego y aceptar que ese empleado, que tiene menos experiencia y poder que yo como jefe, también puede ayudarme. Se da, sobre todo, en aspectos que son generacionalmente desconocidos como tecnología, tendencias, necesidades del mercado, etc.

Esto no significa que las relaciones de trabajo se "horizontalicen". Como desarrollamos en el primer capítulo, los Y necesitan quien les enseñe. Entonces el líder debe conservar la capacidad de orientación y guía. Pero necesita también mayor flexibilidad, es decir, no solo ser capaz de enseñar, sino de invertir tiempo suficiente para hacerlo, estar disponible para observar, corregir y sugerir.

Es necesario que el nuevo liderazgo también sea más tolerante respecto de los cuestionamientos de los Y. Ser críticos es una característica generacional, como ser menos políticos y emitir mensajes más directos. Lo que no les gusta, simplemente lo dicen, incluso cuando se trata de cuestionar al jefe. No significa aceptar la falta de respeto o los excesos, sino entender que el mensaje no tiene filtro y el cuestionamiento es parte de su concepción.

Cuanto más grande es la entidad (corporación, empresa, área), más difícil es conseguir la afiliación de los Y. En cambio, los pequeños ámbitos, más cercanos y tangibles, como las *networks*, facilitan este proceso.

Ya tenemos a nuestras "obreras" trabajando en el panal. ¿Cómo conseguimos su afiliación permanente? El concepto de afiliación tiene más que ver con asociarse a una idea que nos identifique; sería algo así como afiliarse al club del barrio, ese lugar que sentimos nuestro, que nos da pertenencia. Llevándolo al plano del trabajo, significa que el equipo no solo haga la tarea, sino que además se comprometa con la *network*. Para eso el jefe debe ser flexible para darle poder al equipo y que este sienta por el mismo lo que experimenta por el club donde es socio.

Correrse del lugar tradicional de poder significa para los jefes empezar a manejar dilemas de cada miembro de su equipo. Los dilemas tienen que ver con las inquietudes y demandas de su grupo formado por jóvenes Y, a quienes los inquietan todas las demandas que repasamos en el capítulo anterior. El líder deberá escuchar, entender, transmitir y tratar de resolver los planteos de su equipo.

Los Y obligan a rediseñar la cultura de las compañías

A los Y, fascinados con la idea de vivir en la virtualidad, trabajar en una *network* les resulta atractivo. Aunque no todo sea ventajoso para ellos. Esta nueva forma de trabajo trae ciertas dificultades para la Generación del Milenio, quienes le dan vida, forma y fuerza al "panal". En principio, una sobrecarga cognitiva: si saltan de pantalla en pantalla la disponibilidad y absorción de información es tanta que los satura. Esto hace que los niveles de atención desciendan. Los Y no se concentran más que unos pocos minutos. Colateralmente, la adicción tecnológica se está naturalizando. Los del Milenio no pueden estar desconectados de su computadora y, desde hace menos tiempo, de su teléfono inteligente. Estos tres factores –sobrecarga cognitiva, déficit de atención, adicción tecnológica– además de dificultar la interacción en el plano real, desequilibra la energía. La tecnología no da descanso y las compañías siempre necesitan reflexión para lograr más y mejores ideas.

Como contrapartida, la colaboración permanente, como ya vimos, es positiva para las empresas.

La fisura está en que aún a las compañías les cuesta pensar cómo retribuir esa capacidad de colaboración. Los sistemas de incentivo, en general, están en la otra vereda. Las empresas todavía no han encontrado la manera de sortear el reconocimiento individual como objetivo final de sus programas de incentivos. Hablamos de los bonos, pagos variables atados al rendimiento. Se premian resultados de ámbitos mayores, como un país o una región, y a partir de ahí, se pasa a la diferenciación individual. Pero lo que escasea es el premio a los equipos de trabajo de menor dimensión o *networks* donde, justamente, nacen los procesos de colaboración y es posible generar un desempeño diferencial. Si validamos que los equipos son los "ladrillos" del desempeño, los premios tendrían que ser a la colaboración, y no individuales.

Para esto las organizaciones deberían crear nuevos sistemas de reputación. Todavía hoy está muy bien visto aquel que llega temprano, trabaja mejor o más rápido. La cuestión es que, al jerarquizar las *networks,* esos criterios de valoración tradicionales también cambian. Sería equitativo premiar al conjunto. Eso constituye también el diseño organizacional y cultural de una empresa. Si miramos más lo colectivo, lo individual no es tan importante. Por ejemplo, si un integrante de la *network* no llega temprano pero tiene un compañero que lo cubre y el objetivo final se cumple, entonces esa autogestión es finalmente productiva.

El rediseño cultural también debería incluir el negocio basado en valores. Empresas que cuiden a sus empleados así como cuidan a sus consumidores, es uno de los ejes de análisis de la Generación Y. Volvamos a la metáfora del club. Como empleado joven, digitalizado, ¿me incorporaría a una empresa que, por ejemplo, intuyo que contamina? Lo social y la sustentabilidad constituyen un verdadero valor para la Generación Y, incluso más que el factor económico y político que le brinda la organización donde trabaja. El cuidado de la salud y del medio ambiente, la transparencia y la justicia interna, la calidad del espacio físico de trabajo entran en juego a la hora de sentirse identificado con la organización que lo emplea.

En su edición del 17 de junio de 2011, el diario *Clarín* informó que volvió a crecer el trabajo en negro en la Argentina. El Instituto Nacional de Estadística y Censo (INDEC), organismo gubernamental cuestionado en la era kirchnerista, llevó a cabo un censo nacional en octubre de 2010. La novedad fue que la población creció considerablemente: de 33 millones pasó a 40 millones de habitantes. Entre otros, uno de los datos preocupantes es que el trabajo en negro sigue siendo difícil de combatir. El 34,1 % de los asalariados está en negro. Los especialistas estiman que la cifra real ronda el 40 %.

La responsabilidad social, valor primordial de la Generación Y, es algo paradójica y en ese sentido puede ser un búmeran también. Muchas veces la responsabilidad social puede ser una simple bandera de marketing para hacer flamear. Cualquier empresa importante celebra participar de alguna actividad que la ponga al frente en materia de responsabilidad social externa, como colaboración en instituciones benéficas. Pero en mi opinión la primera de las responsabilidades sociales es con los propios empleados. Los números, aunque fríos, hablan por sí solos: casi la mitad de los argentinos no tiene cobertura social ni aportes jubilatorios, o posee un empleo no registrado. Con la complicidad del Estado, en muchos casos las compañías que se vanaglorian de ser socialmente responsables no cumplen la legislación básica en cuanto a regularizar a sus trabajadores.

Los empleados de esas empresas no son ajenos a esa situación. Están al tanto de que la compañía no está en regla. Y las nuevas generaciones están pendientes de ese tema. Por ende, la idea de un negocio basado en valores pasa a tener cada día más peso, no solo en el impacto externo de la empresa, sino también en el interno. "¿En qué compañía quiero trabajar?, ¿en una que no tenga un plan de sustentabilidad?,

¿que no cumpla con los requisitos legales o los bordee?", son algunas de las preguntas que se hará la juventud digital antes de ingresar al mercado laboral o a la hora de cambiar de empleo.

Con la vida atravesada por Internet, Facebook, Twitter, soportes nuevos donde todo se dice, las compañías están mucho más expuestas. Sobre todo si no cumplen con las expectativas "sociales" de los jóvenes. Muchas veces esa lapidación pública puede ser injusta. Sin embargo, a veces, también puede ser un llamado de atención a partir de gente que no encuentra un canal válido internamente.

Recapitulemos. La irrupción de la Generación Y origina un impacto tan grande en las organizaciones que las obliga a cuestionar su diseño cultural. Al reconocimiento por la colaboración y a la empresa como negocio basado en valores, tendrán que sumarle la inversión en herramientas de trabajo adecuadas. Todavía existen compañías que bloquean el ingreso a Internet a sus empleados. ¿Sabrán que estos se conectan igual? Estar *online* es parte de su vida, de su mundo, y van a encontrar la manera de hacerlo a través del teléfono o yendo a un cíber (negocio en el que se alquilan computadoras por hora para que la gente se conecte a Internet). Entonces, en lugar de vedarlo o restringirlo, las compañías tendrán que incorporar el concepto de entretenimiento tecnológico, ingresarlo al trabajo y aprovecharlo para mejorar la productividad.

Las fronteras que separan el mundo laboral del personal son cada vez más difusas a partir de las nuevas tecnologías. El secreto está en aprovechar esta realidad, no en negarla o tratar de cambiarla. Soy de los que creen que el veto a la conexión digital en las compañías es simplemente un nuevo "Muro de Berlín". Tarde o temprano ese muro se cae o se salta. La pregunta es cómo podemos hacer para que este proceso sea armonioso y positivo para todos.

La demanda de información de la juventud digital pone en jaque a las organizaciones. Se preguntan qué es conveniente informar y qué no. Y de qué manera. La información, antes reservada al nivel jerárquico, tendrá que ceder a la nueva corriente. Estos jóvenes demandan que el conocimiento sea compartido, y ya dijimos, quien tiene la información tiene el poder.

Entonces, la manera de comunicar dentro de la empresa deberá ser distinta para acomodarse a este requerimiento de la Generación del Milenio. Hoy la información es democrática, está *online* mediante diversas fuentes. Y es, sobre todo, anárquica por lo incontrolable. Por ejemplo, a quien no esté de acuerdo con algo que ocurra en la compañía y no encuentre canales formales para ser escuchado le alcanzará con abrir un canal de información en la web –un blog, un perfil en Facebook, una cadena de e-mails– y hacer circular su opinión y compartirla. Todo a un clic de distancia, al instante, virtual.

Podemos horrorizarnos, pero esto no cambiará la realidad. Es parte del nuevo juego, el punto es cómo tener canales abiertos que sirvan para escuchar y dar respuestas a tiempo.

En este contexto, ya no es tan práctico fijar un día y un horario, y de paso reservar la sala de reuniones para conversar con el equipo. Este escenario con jóvenes creativos, activos, inteligentes, pero que se comunican de otra manera, conforma un verdadero dilema para las compañías. ¿Cuál es el modo más eficiente para comunicar?

Las habilidades de interconexión pueden ser integradas a las organizaciones. Creando, por ejemplo, un blog donde se informen las actividades de las empresas, las novedades, donde todos se sientan parte y puedan compartir ideas. Organizando foros presenciales activos donde discutir lo que haya que discutir. La compañía que no lo haga perderá con respecto a la que sí lo lleve a cabo. Y no se trata de que el empleado lo pase bien, sino de crear una ventaja competitiva, impulsar la creatividad de estas personas que se conectan de otra manera. Es un espacio de comunicación distinto, de ida y vuelta, más rápido.

Pero resulta que la capacidad de multitarea tecnológica es algo que, llamativamente, las compañías reprochan. Como no saben separar el mundo laboral del entretenimiento, ellos pueden estar en Facebook, chatear y mandar un mensaje de texto, todo casi al mismo tiempo. El desafío es combinar esas capacidades para hacer más productivas las tareas que ese joven debe hacer en la organización.

Venimos hablando de cooperación en la *network*, pero sería coherente sumarle el ingrediente del "yo". El líder debe poder, más allá de fomentar las redes, crear el espacio para atender la necesidad individual, debe ser flexible para que el que quiera llevar la bicicleta o la foto del perro, o de su hijo, pueda hacerlo. Todas estas nuevas realidades conforman un cambio radical no solo en las capacidades de los líderes, sino también en la forma general de trabajar; en síntesis: en la relación entre empleado y empleador.

CAPÍTULO IV

FELICIDAD Y SATISFACCIÓN LABORAL

Fugaz para los occidentales, un estado de conciencia permanente en Oriente. Para algunos es iluminación, y para otros, paz. Se habla de autorrealización, autosuficiencia, una mente libre de ansiedad y colmada de placer físico e intelectual. También están aquellos que la describen como un estado de "plenitud". Hay tantas definiciones y teorías como posturas frente a algo tan abstracto como la "felicidad".

World Value Survey es el proyecto más grande a nivel global que investiga los cambios socioculturales en el mundo desde 1981. En su "mapa de la felicidad", la Argentina se ubica entre los países que tienen una tendencia a crecer en sus "tasas de felicidad" junto a Canadá, China, Dinamarca, Francia, Japón y Sudáfrica, entre otros.

Otro monitoreo, bien local, se hizo en 2011. La Universidad de Palermo, junto a la consultora TNS-Gallup, decidió salir a averiguar qué percepción tienen los argentinos sobre "el ser feliz". Ocho de cada diez personas declararon ser felices en alguna medida. Un escueto porcentaje –solo el 14 %– declaró ser poco o nada feliz. Otro dato que se desprende del informe señala que quienes tienen trabajo y están en pareja tienden a ser más felices. Y los tres deseos en cada cumpleaños o Navidad ganan la partida a la hora de definirla: para el 39 %, la familia es sinónimo de felicidad; le sigue el 29 %, que la asocia a la salud, y el 22 %, al trabajo. Pero para los argentinos, la percepción de felicidad no sube ni baja. Según el barómetro, se mantiene, no fluctúa con la coyuntura.

Un dato no menor que surge del mismo informe: los jóvenes de entre 18 y 24 años declaran ser muy felices. Pero la tendencia disminuye en la franja siguiente, y continúa descendiendo a medida que pasan los años. ¿No es justo el momento en el que mujeres y hombres deben permanecer y desarrollarse en el mercado laboral? No es casual. Existe, claramente, una demanda de las poblaciones, de los ciudadanos corporativos, por ser más felices. La irrupción de la Generación Y ha marcado el horizonte, quizás un nuevo límite. Garantizar la felicidad en el trabajo mientras un empleado esté en la compañía es lo que, para mí, semánticamente define a la satisfacción laboral y que finalmente se traduce en *engagement* (compromiso). O dicho de otra manera: lo que garantiza el *engagement* del empleado es, sencillamente, la manera en la que las organizaciones logran construir felicidad laboral en sus trabajadores.

Para el empleado, la felicidad laboral significa satisfacción personal a la hora de trabajar. Las compañías buscan gente comprometida porque consideran que con alto compromiso generan mayor productividad y, por ende, mejores resultados. La nueva dinámica del capitalismo requiere empresas más eficientes. Para mejorar las condiciones de satisfacción de sus empleados deberán cumplir el objetivo con mejores ambientes de trabajo.

La ecuación tradicional por la cual solo las empresas que tienen rentabilidad y crecimiento son las que logran un mejor lugar para trabajar es obsoleta. Hoy es a la inversa. Las compañías que construyen *engagement* son las que probablemente a partir de la "milla extra" de todos puedan obtener mejores resultados. Bajo una mirada más amplia, quienes lideramos organizaciones también debemos preguntarnos para qué estamos allí. Para qué cada mañana de nuestros días nos levantamos y acudimos a eso que se llama trabajo. ¿Nuestra presencia está limitada a obtener resultados o se justifica para que a partir de esos resultados el colectivo humano crezca, se desarrolle y perdure?

Mi opinión es que si solo trabajamos en organizaciones con fines de lucro, simplemente por ese lucro, nuestra tarea como líderes empresariales o sociales es ínfima.

Los grandes líderes siempre tienen la respuesta adecuada. El esfuerzo, la exigencia y la eficacia no pueden responder a la limitada necesidad de conseguir resultados. Las sociedades se desarrollan, entre otras cosas, a partir de las organizaciones empresarias que hacen crecer y mejorar a su colectivo laboral. Por eso los resultados deben funcionar como una excusa para construir a través de ellos, como medios, algo mucho más grande que tiene que ver con el crecimiento de todos.

Desde lo económico y desde lo humano, es demasiado pequeño trabajar para, por ejemplo, ganar dos puntos más de rentabilidad. El empleado se pregunta para qué se levanta cada día de su vida y va a ese lugar que se llama empresa cuando, en general, nadie quiere trabajar "simplemente" para que una organización tenga como único objetivo acaparar un punto más del mercado, duplicar la facturación o liquidar a la competencia.

Lo que incluye definitivamente al empleado es la visión de largo plazo, es decir, hacia dónde va, o mejor dicho, para qué objetivo más valioso se levanta cada día para ir a trabajar. Qué gana él, el resto de sus colegas y compañeros y la sociedad en general.

La visión participa al empleado, lo involucra en lo que verdaderamente le interesa: si con su tarea diaria va a contribuir a una sociedad mejor. En definitiva, si trabaja para algo más grande que los indicadores de negocio; por ejemplo, para construir un mundo mejor para él y para sus hijos. Sin más. El paradigma es sumar objetivos, participar a los empleados para que la empresa crezca, genere ganancias y su gente –quienes al final hacen a la organización– se sienta mejor y se desarrolle personal, profesional y económicamente.

El desafío será cómo armar equipos en donde la mayor cantidad de gente, la mayor cantidad del tiempo, se sienta satisfecha y quiera seguir perteneciendo. Cómo lograr que la Generación Y, para la que el trabajo es un pedacito más de muchos otros aspectos de la vida, se sume a la compañía. Cuando uno habla de felicidad en el trabajo entiende que el proceso vital de los jóvenes de hoy y los del futuro es distinto del de la generación que los antecede. Los jóvenes están en un proceso de búsqueda de felicidad en el que, como ya vimos, el trabajo no es el eje principal. Eso es lo que al final cambia la relación entre empleado y empleador.

¿Y qué pasa hoy en nuestro país y en el mundo? La respuesta es concreta: hay una creciente insatisfacción laboral en los jóvenes que se traduce en menor compromiso. Esto se debe a que no encuentran satisfacción en muchos aspectos que consideran importantes a la hora de trabajar. Esta falta de satisfacción en el lugar de trabajo tiene su origen en factores a los cuales a las organizaciones les está costando dar respuesta. Y esta situación no solo la experimentan los Y, también la sufren los empleados de generaciones anteriores. El espíritu crítico de los trabajadores jóvenes impacta en los que hace años se desarrollan en las empresas. La Generación Y influye, con sus maneras, en la visión de que hay algo más allá del trabajo.

La influencia social de los jóvenes del milenio genera cierta inquietud. Entre otras cuestiones, llegaron para hacernos reflexionar sobre el *statu quo*. Este cuestionamiento de la satisfacción es complejo para las organizaciones, pero también es un gran desafío. Porque su espíritu crítico abarca casi todo, excede el mundo del trabajo. Las instituciones como el matrimonio, el colegio, la universidad, la Iglesia, el Estado, los partidos políticos, entre otras, son materia de juicio para los jóvenes. Y si las instituciones no cambian, no se acomodan a las nuevas demandas, el compromiso se esfuma con rapidez. El inconformismo actual y generacional es inquietante, pero también movilizador.

De una buena cantidad de factores que impactan en la felicidad laboral, hay dos que merecen una mirada más profunda. Se trata de la naturaleza del trabajo y el liderazgo, intrínsecamente relacionadas. De todos los aspectos que vamos a enumerar, estos son, en mi opinión, los más poderosos. Tanto, que resultan capaces de reconstruir la ecuación de valor entre el empleado y su empleador por sí solos.

Los impulsores esenciales de la satisfacción laboral Y

Hace poco tiempo, Dave Ulrich escribió un libro muy interesante llamado *The Why of Work* ("El porqué del trabajo"), donde desarrolla respuestas a esa pregunta tan simple como esencial e importante. Es el cuestionamiento –quizás el primero– de cualquier individuo que forma parte del mercado laboral. ¿Qué le sumo a la organización y qué a mí mismo como persona? "¿A qué vengo? ¿A qué me dedico? ¿Este trabajo tiene sentido para mí?" Ocurre que muchas veces el empleado no le encuentra el sentido a su tarea. Es una pieza más del engranaje de una organización, pierde la dimensión del objetivo real de su trabajo, no sabe cuál es la visión estratégica de su negocio porque la empresa en la que trabaja no se lo comunica o, lo que es peor, no la tiene. No sabe en qué montaña está poniendo su granito de arena.

Recuperemos el ejemplo del equipo de fútbol y los entrenamientos repetidos. José Mourinho prepara a los jugadores del Real Madrid en el "saber hacer". Esto significa poner el foco más en lo psicológico que en lo físico: entender el lugar en el equipo, pero no la posición; entender que el fin último de un equipo es ganar y que para eso habrá que sacrificar aspectos personales. Los jugadores deben lograr redes de comunicación, están obligados a pensar y manejar la complejidad. Y así pasan de un "saber hacer", que se obtiene de la repetición, a un saber sobre ese "saber hacer" que está vinculado al entendimiento de lo que tienen que hacer dentro del campo de juego. El primer "saber hacer" les permite razonar para realizar otras jugadas, para después manejar las complejidad de la eventualidad de un partido, y los compromete con un "todo" superior que son los objetivos del equipo.

Si al empleado del área de Contabilidad de una empresa nadie lo ayuda a entender por qué está ahí cargando facturas, si nadie lo involucra de alguna manera en el engranaje de una organización, el compromiso se rompe fácilmente porque ese empleado no le encontrará sentido a su tarea. En la medida en que las empresas no entiendan que la búsqueda del significado del trabajo hay que atenderlo, se licuan el compromiso, la efectividad y la satisfacción laboral dentro de las compañías.

¿Y quién es la figura clave para darles sentido a las tareas? Una vez más, el líder directo. El jefe inmediato tiene como responsabilidad –innegociable– encontrar la manera de que su gente se comprometa y se sienta parte de la compañía. El líder debe ser el primero en transmitir los valores y la visión de su organización para que el trabajo de su gente cobre sentido.

Pocas cosas dan más satisfacción que la naturaleza del trabajo. Sobre todo en las generaciones jóvenes para las que el sentido de su esfuerzo es lo más importante. Recordemos que el trabajo impacta a nivel personal, y ellos no soportan con ligereza las crisis emocionales que pueden provenir de hacer un trabajo sin sentido que, además, les resta espacio para las otras dimensiones de su vida. El resultado es descartar el empleo rápidamente. De esta manera, los líderes también participan, ellos crean el sentido del trabajo. El empleado puede preguntarse qué va a obtener al hacer su trabajo, si a la empresa le importa –o no– lo que hace, si puede hacerlo él o cualquier otro. La tarea y su sentido son un gran constructor de satisfacción dentro de una empresa. Como para los Y el tiempo es un elemento fundamental y limitado, usarlo en algo en el que encuentren sentido, hoy es un requisito indispensable.

El que lidera es quien define cómo puede ser la organización, quien traduce el mandato y la visión corporativa en realidad. Y cuando nos referimos a líderes, señalamos a quienes están en el nivel más alto de la empresa y a los jefes inmediatos. Ambos tienen roles muy potentes para la satisfacción, porque de ellos depende que la información sobre la demanda –críticas y necesidades– de los empleados fluya. Si el número uno de la organización tiene la oportunidad de hacer cambios, los jefes inmediatos tienen una función igual de importante: trasladar el cuestionamiento, elevarlo al máximo nivel y tratar de encontrar una solución. Sin embargo, muchas veces para los jefes inmediatos es más fácil asociarse con el empleado que tomar un rol de responsabilidad y solucionar un problema. Sucede, por ejemplo, cuando el empleado plantea una dificultad y su jefe inmediato, en vez de resolverlo o dar respuestas concretas (aunque sean negativas), se asocia diciéndole que a él le sucede lo mismo: "¿viste cómo son?". Eso se llama "transferencia de *accountability*" (responsabilidades).

Como líder, existe una responsabilidad en la línea de mando y no se puede transferir. Entonces, el jefe debe dar respuesta, no igualarse al empleado en la dificultad. Esa falta de *accountability* en el proceso de liderazgo es uno de los aspectos que más destruye la satisfacción: nadie es responsable de nada, excepto el presidente de la compañía. Eso es falso: si al jefe le pagan más que al empleado, no son iguales, sino que hay una responsabilidad mayor que es la de dar respuestas, en representación de las decisiones de la organización. Aunque eso implique perder algo de popularidad. Los jóvenes requieren respuestas y alguien que se las dé, y eventualmente que influya para modificar los aspectos que no funcionan, no buscan jefes que solo se asocien a sus problemas.

En nuestro país, este es un problema generalizado: el jefe inmediato mantiene una buena relación con los líderes de más alto nivel porque no les llevan problemas. Y en el sentido inverso, se asocia al empleado; le dice: "Yo tengo el mismo problema, los que están más arriba no resuelven nada". Esa falta de responsabilidad para dar respuestas en los distintos niveles gerenciales hace que el rol de liderazgo se licue y el responsable de todos los males termine siendo el "número uno", o simplemente una entelequia llamada "la empresa".

Lo analizamos en los primeros capítulos: en las sociedades latinas es preferible no confrontar, o al menos abiertamente. En la Argentina pocos quieren tener una charla para comunicar malas noticias a su empleado. Sin embargo, de eso se trata el manejo de la responsabilidad. El jefe inmediato debe explicarle, por ejemplo al empleado que todavía no merece el aumento, que tendrá que esperar. Es una situación incómoda, pero es real. Eso es liderazgo en el sentido más puro.

Hablamos tangencialmente de comunicación. Cualquiera sabe que un *house organ* (revista oficial corporativa) o la página web interna de la empresa son canales que apenas "informan" o trasladan la información oficial porque no hay interlocutor y, por lo tanto, no hay manera de cuestionar. La comunicación real y más importante es la de los líderes a sus subordinados. Es ahí donde la información va y viene, fluye; donde se cumple el circuito esencial de la comunicación: emisor, receptor, mensaje; ida y vuelta.

El empleado siempre quiere saber cuáles son los objetivos de la empresa, qué rumbo tomará en la coyuntura, los valores corporativos, en qué le va bien y dónde todavía no acierta. También necesita un canal de comunicación abierto y transparente en el cual plantear lo que cree que la compañía puede mejorar o debe cambiar.

Los problemas existen en todas las organizaciones. La diferencia entre una compañía realmente abierta y otra que no lo es reside en que a la primera le interesa conocer los problemas y la otra prefiere no escucharlos, creyendo que de esa manera dejan de existir. Pero inevitablemente las dificultades del clima interno de una organización siguen ahí. Entonces, ¿qué mejor que conocerlos con profundidad para poder solucionarlos? Las empresas sordas son las que llegan más tarde a las soluciones, o dejan que se genere una bola de nieve que en algún momento es imposible detener por el tamaño que alcanzó.

El proceso de comunicación genera mayor compromiso en el lugar de trabajo. De la misma manera que la responsabilidad social empresaria de la que ya hablamos.

La falta de satisfacción laboral y su hermana directa, la ausencia de compromiso, son un problema tan amplio como el mundo del trabajo que atraviesa a todo el país. Mientras la Generación Y demanda felicidad y satisfacción en la compañía donde aportará nuevo conocimiento, algunas organizaciones todavía no dan respuesta a muchos factores que ya mencionamos. O lo que es peor: aún no consideran que sea importante dar esas respuestas.

Otros factores clave de satisfacción laboral

Aunque muchos teóricos tratan de minimizarlo, la **remuneración** es un factor de satisfacción personal. Quizás no el más importante, pero probablemente sea la base para que otros factores de motivación puedan desarrollarse. Son muchas las teorías sobre la motivación, como la de Maslow o Herzberg, que minimizan la importancia de la retribución en el *engagement*.

En mi opinión, la justicia en la remuneración es clave (mucho más que la remuneración en sí misma). La percepción de justicia en este tema surge de que la compañía tenga reglas internas y conocidas para fijarla, y las respete sin excepciones para administrarla a todos en un marco conocido. Hay dos maneras de apreciarlo. Por un lado, la justicia interna dentro de una compañía –es decir, lo que me pagan por lo que hago en relación con lo que hacen los otros– y por el otro, la manera en la que cubro mis necesidades a partir de lo que gano.

En el primer caso, toda la responsabilidad es de las empresas. En el segundo, en general, depende del Estado y la situación macroeconómica en cada mercado. Ambas justicias son indispensables para generar el compromiso de los Y. Sentirse pagado justamente por lo que uno hace en relación con lo que hacen otros en el mismo lugar de trabajo es clave para generar compromiso con el trabajo y comprender el rol que se ocupa en una organización.

Los mercados salariales privados pagan fundamentalmente por el crecimiento y las rentabilidades de cada industria. Si la rentabilidad de una industria es alta, es probable que ella pague más que otra que no tiene esos niveles. Cuando hablamos del Estado pensamos en que él debe regular sobre todas las cosas y los niveles salariales para conseguir mano de obra que quiera ingresar a ese mercado de trabajo. El ejemplo paradigmático son los médicos y los docentes. Dos profesiones indispensables para el desarrollo socioeconómico de un país, y sin embargo el mercado salarial no las retribuye en un nivel que fomente la captación y la disponibilidad; por lo tanto, es el Estado quien debe intervenir para transformarlas en atractivas.

Las compañías privadas optan por definir sus remuneraciones del personal fuera de los convenios colectivos de trabajo, a partir del mercado en el que operan vía encuestas con organizaciones pares, y es relevante que se respete lo que ellas dictan para ofrecerle al trabajador un salario acorde con el puesto que ocupará en el mercado donde trabaja y también para tener una regla a seguir. La remuneración siempre es importante. No hay nadie que no quiera ganar más, o que considere que gana lo necesario o adecuado. Es humano, las compañías deben ante todo poder explicar por qué gana lo que gana cada empleado, aunque esa explicación pueda no conformar a todos.

El nivel de ingreso de los jóvenes Y está muy conectado con sus nuevos factores motivacionales y preocupación por la calidad de vida. Tener un buen sueldo, hoy, significa poder consumir y alcanzar el estándar que se desea.

Otro factor que merece ser mencionado en términos de satisfacción es la cultura del trato con la gente. La calidad en las relaciones interpersonales. De qué manera se fomentan reglas de trato adecuado y respetuoso o en qué medida no se les presta atención.

Esto excede e incluye al líder, es la esencia de las empresas. Mientras que la organización se preocupe por cómo sus líderes tratan a sus empleados, habrá satisfacción.

La gente debe sentir que hay un suprapoder que regula las relaciones y da un marco de referencia para la convivencia.

Es normal y probable que algún líder no brinde el trato adecuado a sus empleados, por lo cual es fundamental que la propia organización tenga los resortes y semáforos para que, cuando eso ocurra, pueda identificar y dar solución a esa situación que contradice los valores de su cultura interna. Ese mecanismo implícito en la cultura es lo que finalmente brinda un contexto de confiabilidad a los empleados, que saben que pueden existir episodios de maltrato, pero que a su vez la compañía no solo no los propicia, sino que busca solucionarlos de la manera más activa y efectiva posible.

La milla extra de todos

El contexto global del trabajo, sumado a la irrupción de la Generación Y, transformaron a las organizaciones. La llegada de las nuevas tecnologías barrieron los espacios tradicionales. Lo dijimos: las oficinas están en vías de extinción. Esto conforma un gran atractivo para los Y, jóvenes que no consideran al empleo como el eje principal de su vida.

El trabajo ya no es el lugar primordial de socialización. Esta deconstrucción origina, en principio, una fragilidad mayor del empleo. ¿Quién piensa ahora en un trabajo para siempre? Si las organizaciones cambian, se fusionan, se readaptan, ¿quién entregaría su vida a una sola compañía? *A priori*, la dinámica de las últimas décadas de capitalismo occidental afectó al compromiso en general. Dominado por la incertidumbre permanente, el empleado pone en su puesto lo justo, ni más ni menos.

Global Workforce Study es una interesante investigación desarrollada en Brasil en 2010, por la consultora Towers Watson. La encuesta se ocupó de analizar el nivel de compromiso de los empleados, incluidos los empleados de empresas de todos los sectores de la economía. Dieron resultados que para la gente de generaciones anteriores pueden ser sorprendentes. Pero sobre todo, reflejan el problema del que venimos hablando.

- Comprometidos: 35 %.
- Desencantados: 21 %.
- No comprometidos: 7 %.
- Cumplidores: 37 %.

Al mismo tiempo, se consultó sobre los patrones de movilidad de los empleados, con resultados también bastantes ilustrativos.

– Sin planes para irse de la empresa: 31 %
– Abierto a recibir ofertas: 43 %
– Activamente buscando otro trabajo: 7 %
– Planes concretos para irse: 8 %
– Planes para jubilarse anticipadamente: 11 %

En síntesis: solo un tercio del personal de las empresas brasileñas se encuentra comprometido completamente con su lugar de trabajo y no tiene planes para cambiar de empleo. A nivel mundial, las investigaciones coinciden con el monitoreo de Towers Watson, y demuestran que la gente está cada vez menos comprometida con su lugar de trabajo. Esto se da en dos planos: por un lado, el empleado no garantiza la permanencia, y por otro, mientras ocupe el puesto, no estará quizás lo suficientemente comprometido.

Lo adelantamos aquí, pero lo desarrollaremos más adelante. Hay un desacierto de parte de las organizaciones que tiene que ver con la excesiva preocupación por retener a los mejores. Las empresas todavía individualizan el "talento" exageradamente, y eso dispara el disconformismo de los otros, de los "no mejores".

Las compañías deberían preocuparse cada vez menos por la retención de los mejores para pasar a una idea más abarcadora: la de "la milla extra de todos". Si la retención se diluye por el sistema de valores de los Y, ¿por qué insistir con este concepto cuando atenta contra su propio ideal? ¿Por qué, entonces, insistir con dividir entre los mejores y "los otros"? El gran desafío es desarrollar talento colectivo más allá de cuánto tiempo estén dentro de la compañía. Así, la fórmula cambia: el foco puesto en el presente y en la milla extra aquí y ahora, en contraposición con la retención de "los mejores" a largo plazo. Esa es la alquimia para pensar en los Y y en sus necesidades.

Una organización no se construye solo con los mejores. Como ya mencionara, la definición más ajustada de talento es la capacidad colectiva que, combinada, genera ventajas competitivas. No hablamos de individuos, sino de grupos de personas trabajando en conjunto, donde algunos se destacan por ciertas habilidades, y otros, por otras. Si consideramos la idea de talento como la suma de las capacidades de cada empleado, el panorama cambia.

La milla extra de todos, este es el nuevo paradigma. Cambiar la idea de retención por la de recuperar esa habilidad del empleado, y que durante el tiempo que esté en la compañía la desarrolle al máximo. La milla extra es ser más productivo, más eficiente, relacionarse mejor y tener las capacidades que suman a la competitividad de una organización. Todos esos esfuerzos destinados a la retención ahora deberían estar puestos en lograr que cada integrante del grupo desarrolle "su" talento en pos del colectivo, sin importar tanto cuánto permanezca. No implica inversión ni gastos. Tiene que ver con un cambio de mentalidad, con canalizar las energías en forma inteligente.

CAPÍTULO V

DIVERSIDAD: LAS EMPRESAS COMO ESPEJOS DE LA SOCIEDAD

Según datos definitivos del Censo de Población y Viviendas 2010, el último relevamiento nacional, la Argentina incrementó su población un 10,6 % desde 2001. El Instituto Nacional de Estadística y Censos (INDEC) informó que somos 40.117.096 habitantes. Hay un millón más de mujeres que de hombres, y las únicas dos provincias en las que la población masculina supera a la femenina son Tierra del Fuego y Santa Fe. Además, el nivel de analfabetismo se redujo: en 2001, el porcentaje de población de 10 años y más que no sabía leer y escribir era del 2,6 %, mientras que en 2010 bajó a 1,9 %. Más de la mitad (53 %) de los hogares del país tiene computadora. Los servicios con los que cuentan los hogares también contribuyen a explicar la calidad de vida de sus habitantes. La conexión a la red cloacal, el acceso al agua potable y al gas también tuvieron buenos registros en comparación con el estudio anterior. Sin embargo, más de 8 millones de personas –es decir, una de cada cinco– viven en hogares precarios: casillas con piso de tierra, ranchos, hoteles de paso, pensiones, etc.

Nuestro país vive una realidad dispar. O puesto de otra manera: una realidad diversa. La pirámide social de la

Argentina se dibujaría así: una punta fina y bien definida, ocupada por los sectores de altos recursos. Una base ancha y pesada, cimientos habitados por los que aún no lograron superar la línea de pobreza o, incluso, de indigencia. Y entre ambas, la clase media, lo que llena el abismo entre ricos y pobres. Un puente que sostiene los extremos. La clase media, con su versión "media típica, C2", "media baja, C3" y "baja superior, D1", conforma la "patria inquilina", trabajadora, de vacaciones quincenales, hija y nieta de inmigrantes europeos, ahorrista y, en la misma medida, consumidora. Este triángulo es un espejo de la sociedad en la que vivimos. Entender su historia y su dinámica, es entender a los consumidores.

Y desde esta perspectiva surgen las preguntas centrales de este capítulo: ¿esta diversa estructura poblacional se ve reflejada en las organizaciones?, ¿la sociedad a la que le vendemos productos está reflejada en nuestras compañías? En la Argentina, la respuesta es contundente: no. Y la negativa se da en dos aspectos para mí fundacionales de la diversidad: género y origen sociocultural.

Una de las características de la tan difusa posmodernidad, como vimos en la introducción, es la caída de las tradicionales barreras, perímetros o fronteras entre ciudadanos. Para los jóvenes, es la era de la mezcla, de la interacción, de la caída de los prejuicios raciales, de género, religiosos o de cualquier índole. Es el tiempo de la diversidad cultural y de la aceptación mutua.

Es la era en la que las empresas deberán inevitablemente lograr que el conjunto de sus empleados, de distintos orígenes, creencias, religiones, género y preferencia sexual, interactúen en armonía y respeto. La diversidad es una gran oportunidad para las compañías. Claro que lo es para aquellas que estén dispuestas a la verdadera diversidad, para las que logren reflejar internamente a sus consumidores y clientes de la manera más fidedigna.

Un ejemplo simple pero concreto: muchas compañías de la Argentina buscan, casi con exclusividad, a los profesionales de mejor promedio en universidades privadas de categoría, con matrícula y cuotas muy caras. Hay menor propensión a explorar candidatos de universidades públicas o del interior del país. En realidad, no se trata de considerar a los profesionales de las casas de estudios privadas o públicas, sino de ambas.

El entendimiento del mundo femenino desde organizaciones lideradas por hombres también es una dificultad habitual con la que nos encontramos en el ámbito organizacional: cómo se acompaña a las mujeres, cómo comprendemos y respetamos a esas empleadas que quieren ser madres y que aspiran a un cargo directivo sin la necesidad de adoptar una conducta masculina para sobrevivir.

Las compañías pueden y deben generar una "cultura interna" de la convivencia en la diversidad: la que les inculque a los líderes y a todos los empleados el concepto por el respeto a las diferencias hacia adentro, integrando equipos y generando proyectos solidarios para aprender "del afuera". Y disfrutar (y mejorar, claro) de la diferencia.

La aceptación de la diferencia, concepto clave de la posmodernidad, es uno de los trabajos más arduos que tienen las organizaciones por delante. Siempre es más fácil replicar lo que culturalmente ya aprehendimos que lo que no conocemos y nos atemoriza.

Los jóvenes Y, esos actores y constructores de la posmodernidad, se diferencian y valoran la diferencia, por lo que es de esperar que este sea un reclamo creciente.

La diversidad socioeconómica y cultural

Diciembre de 2001. Fernando de la Rúa abandonaba la Presidencia de la Nación en un helicóptero. Frente a la Casa

Rosada, la plaza ardía. La cifra nunca se supo con certeza, pero en el país se registraron casi 40 muertos. La devaluación, el "corralito" y la crisis política bautizaron el milenio argentino. Para el sufrimiento no hubo distinción de clases: los ricos se empobrecieron, la clase media bajó varios escalones y salió a pedir por sus ahorros golpeando cacerolas. Los pobres tocaron la indigencia, y los indigentes ya ni eso eran.

Las grandes compañías (y también las medianas y pequeñas) vivieron de igual manera la crisis económica que sacudía al país. Hubo categorías de productos que desaparecieron. Si en las góndolas de limpieza de los supermercados hasta ese momento se ofrecía un limpiador de pisos para madera, otro para cerámica, uno distinto para el baño, opciones para vidrios y muchos más destinados a la línea de blanco de los hogares, el ahogo económico les pasó el lampazo. No se vendía ni lavandina: el detergente lavavajilla pasó a ser el elemento que suplía a todos los demás productos y para todos los ambientes de una casa. De un día para el otro, desapareció el suavizante para ropa. Y también los formatos: el envase de 250 ml de enjuague destinado a mujeres de cabello lacio, por caso, tampoco encontraba compradores. Pero sí el botellón familiar.

Un pequeño ejemplo que me tocó vivir. La dinámica de venta estaba diciendo algo y, frente a este panorama, llamamos a nuestro equipo de Marketing con una consigna sencilla y concreta: crear un champú de litro, barato, destinado a todos los miembros de una familia. La discusión de ideas tomó su tiempo. A los tres meses el equipo vino con una propuesta. El costo y el posible precio del flamante producto estaban más que alejados de lo que un consumidor podía afrontar en aquel fatídico 2002. Bastó mirar a los integrantes del equipo para que nos diéramos cuenta de que teníamos jóvenes profesionales, entrenados, informados y eficientes, pero a los cuales les costaba pensar un producto acorde con un nicho poblacional que estaba desamparado, que lo que necesitaba era comprar un champú que pudieran usar todos los ocupantes de la vivienda y a bajo precio. Aquel equipo de Marketing con el que contábamos no solo no pertenecía a ese segmento, también lo desconocía profundamente. En definitiva, esos egresados de las universidades más caras y prestigiosas del país tenían dificultades para pensar un champú destinado a una clase social muy distinta a la que pertenecían.

Si nuestro foco está puesto en los clientes y consumidores de todos los niveles, si pretendemos dominar todos los segmentos del mercado, ¿cómo es posible que no reflejemos de mejor manera la pirámide social en nuestra propia organización, incluso a la porción de menos recursos? Necesitamos contar con gente en nuestras compañías que entienda todos los estratos sociales, pero que también, si fuera posible, los vivencie o haya vivenciado y pueda reflejarlos en planes de acción concretos. Debe, en síntesis, entender al consumidor y que este sea parte de la organización. En la medida en que la empresa refleje la pirámide social, tendrá un espejo de sus consumidores. Será mucho más fácil entenderlos y proponerles negocios y productos. Será más fácil también, comprender sus hábitos y dificultades. Es la llave para que una empresa los atienda mejor y más rápido que los competidores.

Planteado así, el enunciado parece sencillo. Pero no lo es. Requiere de esfuerzo conceptual y también instrumental. ¿Cómo desarrollamos una organización más diversa que refleje la base de nuestros consumidores? En principio, revisando nuestras prácticas y fuentes de selección. Una de la fallas más recurrentes a la hora de reclutar personal calificado o profesional es ir sin escalas a las universidades privadas mejor posicionadas, muchas veces con dedicación *full time* del alumnado y que, además, tienen altos costos de inscripción y cuotas. El idioma forma parte de su plan de estudios como requisito, o simplemente el alumnado proviene de escuelas bilingües, por lo tanto, quien egrese lo hará con dominio de una lengua extranjera. Es decir, donde el nivel socioeconómico es medio y alto. Eso ya los ubica en una franja determinada de la pirámide social.

Además, este tipo de universidades gozan de mecanismos y recursos económicos para acercarse a las compañías y tender puentes. Y por supuesto que son bienvenidas, y deben seguir siéndolo. Pero no es suficiente. Tienen, por ejemplo, un departamento destinado a monitorear y acompañar a sus alumnos. Desde el principio, el convenio es tácito y difícil de rechazar: las casas de estudio acercan activamente candidatos, lo que minimiza el esfuerzo de las compañías para encontrar personal calificado. Esas universidades se aseguran alumnado en el futuro porque ofrecen salida laboral buena y rápida. Y las empresas libran batallas por estos alumnos. Sin embargo, si bien tienen una preparación académica de alto nivel y claramente suman calificación a las organizaciones, ese plantel exclusivo no asegura ventajas competitivas.

Podríamos empezar, entonces, por ampliar la búsqueda de forma más activa en universidades públicas, del interior del país o distritales. Es el semillero de gran cantidad de profesionales que, es cierto, muchas veces están lejos del mundo corporativo, y de sus exigencias y necesidades. Pero es igual de cierto que constituyen un lago mucho más amplio donde pescar. Es necesario, en el corto plazo, crear estrategias consistentes para acercarse a las universidades públicas, estrechar lazos, dar clases y conferencias, cooperar con los docentes, compartir casos de negocio, organizar ferias. El resultado de esa aproximación será, por un lado, captar la atención de ese alumnado y, por el otro, detectar candidatos para un mejor reclutamiento.

Y en la línea de la diversidad, será mejor aún si las compañías se preocupan por hacer detección temprana de talentos, por ejemplo, en los secundarios públicos. Acercarse y preguntar quién se destaca y por qué, conocerlo, ofrecerle una oportunidad una vez egresado. Si ese chico no puede financiarse una carrera después, entonces quizás una compañía pueda hacerlo en forma de beca. Esto significa que confía en ese futuro profesional, en ese futuro consumidor o cliente, y que lo ayudará a construir su camino en una etapa temprana.

Por supuesto, si todo esto fuera coordinado u organizado por el Estado, a través de sus ministerios, todo sería más fácil.

Otro gran esfuerzo de las compañías –y ya veremos que en realidad será doble– es cambiar las barreras de ingreso. Si las empresas redireccionan el proceso de selección hacia las universidades públicas, en los secundarios o en sectores de menos recursos como propusimos, es de prever que el conocimiento de idioma extranjero no sea prioridad. Podríamos pensar que todos los que no tienen noción de inglés, o sí pero no avanzada, están excluidos de las compañías multinacionales o que requieren, desde el ingreso, de la utilización de tal idioma. En realidad, va todavía más lejos: probablemente no podrían postularse. Si en cambio se derriban esas barreras (el examen de inglés obligatorio como filtro formal), estos futuros profesionales o egresados podrían tener una posibilidad y las compañías talentos adicionales para explorar. El esfuerzo doble tiene que ver con que las organizaciones deberán capacitarlos posteriormente en idiomas. La inversión es mínima si está asegurado el capital humano diverso que hará crecer a la organización.

La diversidad también es una cuestión de género

Es ama de casa y cada mañana se acerca al supermercado para hacer la compra del día. Elige un desodorante para el marido, ropa interior para su hijo, un perfume para la nena. Carga en el chango la bebida, la verdura y la fruta.

Compra para ella sus artículos de perfumería y, de tanto en tanto, renueva los repasadores de la cocina.

Es profesional, y una vez por semana entra a la página web del supermercado y hace una compra grande *online*. Duda de la conservación de la cadena de frío, pero igual elige un corte de carne y demás delicias para el asado que preparará, el domingo y al sol, su pareja. No hay tiempo para ir a la carnicería. Lo demás está guardado en el historial de compras. A dos horas del clic, tendrá el pedido en su casa.

Es estudiante y vive con un amigo. Los dos llegaron del interior hace unos años con el propósito de recibirse en Capital. Ella trepa al estribo del colectivo y hace equilibrio con las dos bolsas: yerba, café, fideos, arroz, pan y la mermelada que le gusta a él. Ella administra el dinero y lo que compró deberá rendir para toda la semana.

En muchos mercados son las mujeres las que deciden la compra, y en otros, los hombres influyen fuertemente en la decisión.

Y, ante todo, la realidad: más de la mitad del país está habitado por mujeres. Entonces, ¿por qué apenas ocupan un tercio de los puestos en las organizaciones?, ¿por qué hay tan pocas mujeres en cargos ejecutivos? Podríamos buscar una primera explicación en nuestra cultura latina. Somos eminentemente machistas: nos cuesta aceptar que nos dirija una mujer. Es una barrera inconsciente –y en muchos casos, también la ponemos a conciencia– que coloca a la mujer en un lugar incómodo, una posición en la que necesita adoptar una postura masculina en vez de utilizar su conducta femenina para llevar adelante su puesto.

Lo que sucede, entonces, es que sus reacciones serán distantes, carentes de emoción, más parecidas a las de los varones. Sienten que esa es la manera de ganar el respeto, la aceptación jerárquica del varón. Ellos piensan de ellas: "son histéricas, no saben manejar el poder, son agresivas, sentimentales pero irascibles, no soportan las críticas".

Las características de impronta femenina –comprensión, dulzura, escucha, una mirada delicada de los problemas, sensibilidad– suman a la diversidad en una compañía. La masculinización femenina mata a la diversidad. Pero tanto hombres como mujeres, más allá de que aceptemos o hasta fomentemos la participación femenina en el mundo organizacional, tendemos a aceptar con mayor facilidad y a promover conductas y estilos masculinos, sobre todo a la hora de administrar poder.

Convengamos en que para las mujeres el terreno laboral no es una arena fácil. Nunca lo fue. El modelo de éxito, del que hablamos al principio de este libro, atenta contra la diversidad. ¿Para quién es, por ejemplo, más fácil expatriarse con la responsabilidad que implica decidir el futuro de la familia?, ¿para quién lo es compatibilizar la crianza de niños con la vida laboral? Ellas empiezan a quedar en desventaja. El modelo de éxito asociado a la idea de líder implica para las mujeres dejar de ser lo que son en muchos sentidos para convertirse en el modelo de éxito que exige el esquema laboral por tradición, decidiendo de alguna manera el futuro de toda una familia. ¿Quién tiene más posibilidades de quedarse muchas horas en la oficina cuando hay hijos a quien cuidar? ¿Quién, durante los viajes de trabajo, tiene más inconvenientes para administrar el día a día del hogar?

Sin embargo, las organizaciones tenemos la obligación de crear condiciones laborales para integrarlas, sin afectar radicalmente la organización de sus vidas y familias. Son muchas las opciones que tienen las empresas para facilitar este proceso de participación femenino. No es mi intención enumerarlas a todas, pero sí remarcar que no son tan costosas ni afectan a la productividad general. Se trata de crear condiciones adecuadas para que las mujeres puedan seguir combinando armónicamente su rol personal con el laboral.

Los horarios flexibles son un ejemplo. El trabajo remoto también es una opción. Existen compañías que tienen programas del tipo "bebé *on board*", que ayudan a que las mujeres viajen con sus hijos cuando tienen menos de tres años si se trata de trabajo a distancia. Licencias de maternidad extendidas o reducción de horas de la jornada laboral a mamás que se integran a la empresa luego de la licencia. Jornadas de menos horas donde un mismo puesto es compartido por dos mujeres, una en cada turno, también es una alternativa creativa para la diversidad (*job sharing*). Son muchas las opciones para facilitar la diversidad de género, pero este libro no intenta ser un menú de mejores prácticas, sino un ensayo para pensar dónde estamos parados y dónde podríamos estar en materia organizacional.

Es importante pensar que, con la irrupción de la Generación Y, la maternidad tardía con respecto al pasado será un gran desafío para las jóvenes madres. Si actualmente las jóvenes reclaman la calidad de vida que seguiremos analizando, es de esperar que esa demanda se vea exacerbada a la hora de convertirse en mamás y, por tanto, las compañías deben comenzar a pensar estrategias para facilitar este proceso en el futuro, porque, de lo contrario, se convertirán en claras expulsoras de mano de obra femenina. En cambio, quienes creen mejores condiciones serán empleadores respetados y requeridos.

En definitiva, y ya lo dijimos, ellas son fundamentales a la hora de pensar productos para los consumidores. Y hasta aquí distinguimos entre mujeres y varones, aunque en la coyuntura es innegable la activa participación de la comunidad gay que no por representar una minoría es menos relevante. Si las compañías tienen que crear necesidades, si tienen que mirar hacia adelante para saber cuál producto va a ser demandado, el mercado gay aún no está suficientemente aprendido y cubierto.

Si se habla del trabajo asociado al género, aún no se ha profundizado en ese tercer segmento. Las compañías están compuestas también por homosexuales, pero probablemente aún no han sido incluidos como se debería, sobre todo en el proceso de entendimiento de sus necesidades. Sin embargo –y para mí es un acierto–, no hay políticas dentro de las empresas destinadas a ellos. Tenerlas sería discriminatorio. No estigmatizar, no exponer una orientación sexual dentro de una organización, no separarla ni diferenciarla es un mecanismo alentador a la hora de la integración. Simplemente aceptar y dar igualdad de oportunidades. En realidad, debe ser irrelevante para las compañías la orientación sexual de los empleados, porque debe descontarse que el trato debe ser igualitario y debe estar dada la oportunidad de carrera.

Es fundamental que sean tratados desde las políticas de la misma manera que el resto. Un claro ejemplo es la cobertura de obra social para sus parejas, sin tener en cuenta si son hetero u homosexuales. Aunque ya contemos con la Ley de Matrimonio Igualitario –sancionada el 14 de julio de 2010–, el proceso debió ser facilitado por las empresas desde antes.

¿Estamos dispuestos a tener diversidad real? Más allá de quienes somos hombres y tenemos determinada edad, más allá de que estemos acostumbrados a un sistema de jerarquía, mando y orden internos, ¿somos capaces de aceptar las diferencias, de desterrar de la mente el modelo de éxito de hombre de edad mediana, que trabaja muchas más horas de las establecidas y que valora la jerarquía y el poder tradicional? Y no solo eso, ¿podemos cuestionar también si aceptamos colaborar en el desarrollo de colegas que difieren de nuestro propio modelo sin que esto implique incomodidad? Internamente, las organizaciones deberán replantearse la necesidad de tener un plantel heterogéneo en pos de la competitividad y el entendimiento del consumidor. Pero además pensando en un bien mayor que es facilitar la integración social. Eso también es ser una empresa socialmente responsable.

La sociedad argentina aún no ha avanzado lo suficiente en este tema: estigmatizar, burlar, desconocer y no integrar son situaciones que se producen todos los días en muchas empresas. El papel de los líderes es clave en este sentido. A ellos hay que pedirles que rompan el paradigma y que trabajen con diversidad real, porque es una exigencia básica y central de los jóvenes del milenio. En ellos los prejuicios son menores y, por tanto, la demanda de diversidad es inclaudicable.

Hay un gran trabajo por hacer, que tiene que ver con cuestionar el orden interno de las organizaciones. Para tener un grupo de trabajo democrático, esos líderes deberán indagar en sus propios modelos para romper los arquetipos y así poder trabajar con los diferentes, trabajar en la aceptación. Ellos son los encargados de crear el culto interno para la convivencia en la diversidad. Incluir también significa convencer a los consumidores del mañana. Y así también se construye valor y mística corporativa.

La diversidad es genuina solo cuando nos aceptamos como somos. Cuando convivimos con las diferencias, sale lo mejor para una organización.

Este es el plus, uno de los tantos, que caracteriza a los jóvenes del milenio: aceptan la diferencia, la experimentan, la disfrutan. Abrir los corazones y las mentes para poder dar espacio a lo diferente es un cambio para el que hay que estar preparados.

CAPÍTULO VI

LA GESTIÓN DEL TALENTO EN LAS ORGANIZACIONES

Si la diversidad en las compañías consiste en transformarlas en un espejo lo más representativo posible de la sociedad en la que operan, la gestión del talento implica combinar las capacidades del capital humano de la organización, apalancando sus fortalezas y trabajando en sus debilidades como ya fue dicho. La nueva visión acerca del talento incluye una visión colectiva, no individual como en el pasado. Las compañías que cuentan con talento son aquellas que logran desarrollar capacidades colectivas que, combinadas, generan ventajas competitivas. Históricamente, para las empresas la idea de talento se reservaba al grupo de los mejores, los habilidosos, los que reunían capacidades individuales y ventajosas para las empresas. Sin embargo, el tiempo demostró que las compañías que solo consideran y destacan a individuos de altos estándares intelectuales y de potencial no son las que triunfan.

Hoy, cuando las compañías globales cuentan con similar disponibilidad de capital y marcas relevantes, lo único que señala una diferencia competitiva es quién y con qué calidad opera el negocio. La gestión del talento pasa a ser el factor diferencial en el mercado y trasciende lo individual, consiste en la capacidad que tienen las organizaciones para combinar, integrar y potenciar todo su capital humano, aprovechándolo al máximo, sin sesgar a los menos habilidosos, a los que tienen otros tiempos de aprendizaje o a quienes les cuesta entender con rapidez la dinámica de la organización, por ejemplo.

El talento siempre estuvo asociado a la capacidad de las organizaciones para desarrollarlo. Solo algunas, las que veían muy parcialmente su importancia, ponían el foco en las dos puntas de él: el reclutamiento y la retención. En el primer caso, para obtener del mercado laboral a los mejores, y en el segundo, para evitar a cualquier precio que dejen la organización. El tiempo ha demostrado que la clave de cualquier estrategia de talento está entre esas dos puntas: en el desarrollo, el esfuerzo y la inteligencia que las organizaciones destinan para hacer crecer el capital humano con el que cuentan.

Esta idea cobra un nuevo y más potente significado con la incursión de la Generación Y. Al evaporarse la idea tradicional de retención (porque, como vimos, los jóvenes ya no piensan sus carreras en el largo plazo), la necesidad de maximizar el desarrollo de gente en plazos más cortos cobra relevancia. Es más, los *millenials* no ingresan pensando en carreras, sino en su propio desarrollo personal y profesional. Los tiempos ya no importan para ellos, lo que sí cuenta es la posibilidad de aprendizaje.

Hoy, para retener el talento hay que desarrollarlo, lo que vuelve a poner en primer plano al liderazgo de las organizaciones. El *feedback* con los empleados, una vez más, juega un rol fundamental. En la actualidad, se habla de la importancia de contar con una cultura del desarrollo que pueda cruzar barreras personales con el objetivo de enriquecer tanto al líder como al empleado sin jerarquía. La ventaja competitiva se consolida en las compañías que entienden que la cultura interna, su sistema de valores y su forma de ejercer el liderazgo son los factores clave para garantizar la permanencia del talento dentro de una empresa, más aún con la irrupción de los Y.

No sumar, sino multiplicar el talento

Aquellas compañías que creen que solo funcionan con los mejores, recorren un camino equivocado. En lo práctico, es imposible que una empresa solo cuente con empleados de alto desempeño. La realidad indica que un puñado de gente está por encima del desempeño estándar. Es imposible que una organización crezca gracias a ese reducido grupo de empleados potenciados. El promedio está dado por todos, incluso por aquellos que no integran la elite. Todavía no nos hemos desprendido del modelo individualista que abarcó décadas desde los años 70: cuidar a las "estrellas", erigirlas como modelos, destacarlas. La cultura *yuppie* que irrumpió en esa década impregnó la estructura de las organizaciones.

El cambio de rumbo consiste en trabajar en la combinación del talento. La primera tarea de una organización es incluir a ese batallón de olvidados, ese "resto del mundo". La parábola del fútbol, recurrente en este libro por ser un gran ejemplo para hablar del funcionamiento de las organizaciones, es útil como consejo para las empresas en cuanto a crear capacidades colectivas. Lionel Messi, figura del Barcelona, no lucía hasta hace poco de la misma manera en la Selección Nacional de la Argentina. ¿Por qué? Pep Guardiola, exdirector técnico del Barça, supo descifrar la clave: el equipo funciona en lo colectivo, bien lejos de las individualidades. Todos en el equipo se sienten importantes. Todos saben que el éxito depende de cada uno de ellos en igual medida. Guardiola logró que el conjunto sea un único jugador. Que no sorprenda, entonces, cada vez que Messi declara a la prensa que "mi gol estuvo bien, pero fue el equipo el que me dio asistencia" y que "sin esos compañeros, yo no lo hubiese logrado". El Barcelona empieza a ganar en el vestuario, no en la cancha.

La mística corporativa, como ya vimos también, es parte clave de la gestión de talento. Sucede cuando el arquero, los defensores, los mediocampistas, los hacedores de goles forman la masa crítica que potencia a un equipo. Sucede cuando el empleado que se dedica a sencillas tareas administrativas y el jefe que dirige el grupo de trabajo sienten –están convencidos– de que integran un todo con objetivos en común. En el fútbol y en las compañías, todos son relevantes. No se gana solo con un Messi. Tampoco se consigue el éxito con un empleado estrella.

Obtener la milla extra de todos implica un cambio de paradigma y, probablemente, un esfuerzo mayor. No todas las compañías observan esta posibilidad. Muchas no se atreven a hacerlo porque es más fácil y práctico hacer foco en los "mejores".

Pero la Generación Y funciona como un colectivo y por eso incluso los mejores de ese grupo etario pueden no sentirse cómodos con esa "marca". El desafío es cómo diferenciar el desempeño sin vulnerar la autoestima y la confianza de la mayoría. Ese es el arte de liderar.

En la medida en que la empresa genere un mejor clima de trabajo, distendido, donde cada integrante del grupo funcione como una pieza del engranaje con una tarea asignada y una meta a cumplir, se logrará una ventaja competitiva en el mercado. El gran poder de las compañías es generar esa capacidad colectiva a través de la búsqueda de la milla extra de todos. Los mejores existirán siempre, pero una compañía no puede destinarles el éxito solo a ellos. Más aún, en el presente, cuando nada garantiza que esos mejores se queden mucho tiempo, como sí sucedía antes. La construcción de esa capacidad colectiva de búsqueda de eficiencia y productividad (la milla extra) es la que distingue a las organizaciones exitosas de las que no lo son.

Y eso depende, sobre todo, del sistema de valores de la organización. El líder, protagonista al momento de generar la milla extra de todos, es quien debe entender y captar las cualidades, fortalezas y debilidades de cada integrante del equipo. Y claro, trabajar sobre eso. Pero solo podrá hacerlo si la cultura corporativa de la compañía se lo permite. Si el sistema de valores de la empresa no contempla al "resto del mundo", poco espacio de acción tendrá el líder. Por eso es importante atender al rol de los líderes del más alto nivel a la hora de gestar la cultura solidaria que incluya a todos. Esto corre como un torrente hacia las bases de la organización. Crea confianza entre los integrantes del equipo. Las compañías que trabajan en colaboración, a través de *networks* por caso, se diferencian en el mercado. Para crear esa cultura de la colaboración, no puede fomentarse la separación y exhibición permanente de los "mejores", los de alto potencial y desempeño, y "los otros".

Esto no implica socializar el desempeño y que todos sean premiados por igual, significa diferenciar con criterio, comunicando con armonía y explicando con transparencia las razones de cada diferenciación, sin lastimar o minimizar a quienes no lograron llegar a los niveles más elevados. Los resultados y los desempeños cambian permanentemente y dependen de muchos factores que no pueden ser definidos de antemano. Por este motivo, nadie es mejor o peor "para siempre". El desempeño es evaluable por períodos. Y quien un año tuvo un alto desempeño puede no lograrlo el siguiente. Lo mismo ocurre con la baja *performance*.

Fortalezas y debilidades

Claro que a los mejores hay que reconocerlos. Es necesario darles carrera más rápido, un salario diferencial, beneficios. Pero presentados así, ¿no parecen simples objetos que requieren de una contraprestación para funcionar? Una visión más amplia incluye a su desarrollo como el elemento central del reconocimiento. Desarrollar significa detectar en cada integrante del equipo fortalezas y debilidades.

Implica apalancarlo en lo que hace mejor y acompañarlo en sus carencias. Es, en realidad, la ayuda en el aprendizaje para su vida profesional.

Esta noción de desarrollo tiene que ver con generar lo mejor de cada empleado. En cuanto a las debilidades, nos enfrentamos a una gran dificultad, propia de la cultura latina: ¿quién quiere indagar en las faltas?, ¿quién se atreve a zambullirse en ese plano tan personal, tan íntimo? Lo dijimos: esquivamos las conversaciones incómodas. Sin embargo, el primer gran trabajo en la gestión de talento es ayudar a las personas a entender y aceptar aquellos aspectos que deben fortalecer a nivel profesional. Dar a los mejores más carrera y más sueldo muchas veces puede ocultar o evitar el trabajo más importante a realizar con ellos. Los líderes deben animarse a la introspección, explicar que aun el mejor tiene flaquezas y acompañar ese proceso de construcción profesional. Tendrían, además, que dar respuestas y dedicarse al seguimiento de ese plan de desarrollo. Eso sucede siempre que el líder tenga incorporado el sistema de valores de la organización porque de ellos depende la verdadera cultura del desarrollo. La organización y su cultura son lo que da lugar a los líderes para que trabajen el desarrollo armonioso de sus colaboradores. Las empresas deben castigar o premiar a los jefes según respeten o no esa cultura del desarrollo.

Desarrollar es la nueva clave de la retención

En cada guerra desatada hay ganadores y perdedores. Hay soldados, sargentos, capitanes. Hay un campo de batalla y un enfrentamiento organizado. Visto así, hablar de "la guerra por el talento" suena injusto porque estaríamos asumiendo que hay ganadores y perdedores, y eso –como vimos– atenta contra la cultura del desarrollo, en donde lo que se busca es la milla extra de todos. En una organización no puede haber abatidos y personas que salgan victoriosas.

Actualmente, se habla de la guerra por el talento para metaforizar la lucha entre compañías para quedarse con los "mejores". Pero recordemos que esos "mejores" lo son en los papeles, en las entrevistas, en el proceso de selección. Solo se convertirán en lo que prometen una vez que puedan demostrar sus habilidades en la organización. Y para que ello ocurra deben suceder muchas cosas: integración cultural y con el equipo, identificación con el jefe y con el trabajo, satisfacción con el ambiente laboral y tantas otras barreras que se interponen entre la idealización de los mejores en una búsqueda laboral y la realidad del desempeño sobresaliente concreto.

Por lo tanto, esa teórica guerra con los competidores por el talento no se gana o se pierde en los procesos de selección, sino en la capacidad de integrar y desarrollar gente en las organizaciones. Pero cuando partimos de esa palabra tan hostil, volvemos al punto inicial de pensar en ingresar ganadores que son así diferenciados y estigmatizados internamente.

Siempre que la idea que rija la organización sea desarrollar el talento (obtener esta milla extra) el concepto de "guerra" se diluye. El desarrollo como valor en una compañía desintegra, al mismo tiempo, la "retención". En cadena, el desarrollo multiplica el talento y lo que es una suma de individuos talentosos se convierte en talento multiplicado.

La Generación Y plantó bandera en las organizaciones y el flameo viene con otra concepción de la carrera. Si le preguntáramos a un joven del milenio a qué puesto aspira en cinco años, no sabría qué responder. No porque no le interese, sino porque no está dentro de sus planes imaginar qué estará haciendo a largo plazo, y cinco años para un Y es una eternidad. Pero si trabajáramos con ellos sobre el presente, la potencialidad del desarrollo sería mucho más grande. Las compañías cuyo sistema de valores incluye la honestidad a la hora de hablar con los empleados, bien podrían decirles a los jóvenes que lo que buscan es recibir lo mejor de ellos, ayudarlos a crecer profesionalmente sin dejar de lado el plano personal. Impulsar su autodesarrollo significa que comiencen a ocuparse de ellos, que detecten sus fortalezas y las "áreas" que deben mejorar. La búsqueda permanente de *feedback* con el jefe es parte de ese proceso de crecimiento.

Ubicar "desarrollo" en lugar de "carrera" es una oportunidad enorme para crear mejores condiciones de trabajo. Lo veremos en detalle en el próximo capítulo, pero la Generación Y no puede estar mucho tiempo planeando una carrera dentro de una misma organización. Si las empresas logran aplicar correctamente los mecanismos de desarrollo, de acompañamiento, al menos generarán un lugar de trabajo donde los jóvenes estén cómodos. Si, en cambio, se los impulsa a "correr" esa carrera para llegar más rápido a lugares a los que ni siquiera sabemos si quieren llegar, produciremos un efecto que probablemente sea asfixiante, porque estaremos olvidando que su concepto de éxito es opuesto al nuestro, al de las generaciones anteriores.

Muchas compañías dicen que tienen estrategias de desarrollo del talento que, en verdad, terminan siendo acciones operativas. Los procesos de reclutamiento, la evaluación de desempeño y potencial, incluso los cursos de capacitación, son elementos transaccionales del proceso de desarrollo. Son *commodities* y no generan ventajas competitivas diferenciales. Muchas compañías destinan energías y recursos a programas innovadores de reclutamiento, evaluación o capacitación en lugar de hacerlo a la dinámica del desarrollo, que incluye facilitar y fomentar en jefes y subordinados el camino del desarrollo personal y profesional. Diferenciarse en el proceso de desarrollo proviene de los aspectos culturales que vimos en este capítulo. La forma en la que todos en una organización están preocupados por la idea de desarrollar gente, de escuchar, de dar *feedback*, de guiar. En síntesis: de multiplicar talento.

CAPÍTULO VII

LA CARRERA: ¿HACIA DÓNDE?

Si lo planteamos en términos deportivos, "carrera" significa salir de un lugar y llegar a otro en un tiempo determinado. Tocar la meta implica entrenamiento, velocidad y competencia para lograr el éxito. Una carrera se corre con un objetivo de triunfo. En el plano profesional ocurre lo mismo, salvo por una diferencia: la horizontalidad se convierte en una escalera por la que hay que ascender. Y esa escalera es el primer problema.

¿Contra quién se compite en una carrera?, ¿qué modelo usamos cuando queremos subir la escalera?, ¿será el de nuestros padres, o el que impone la compañía?, ¿o acaso consiste en un desafío meramente personal? La realidad en la que operan las compañías suma otro conflicto a la hora de responder a esos interrogantes. La demanda hacia las empresas por parte de los accionistas y analistas financieros de rentabilidades a corto plazo ha generado en los últimos 15 años una exigencia en el modelo laboral de las organizaciones que en muchos casos se traduce en una influencia negativa para el empleado.

Trabajo virtual, multitarea, concentración de varios puestos en uno, ampliación de responsabilidades, viajes, equipos esparcidos por el mundo, múltiples locaciones para cumplir una misma labor, separación familiar (*split family*, el empleado en un país y su familia en otro), son algunos de los importantes condicionantes del nuevo mundo laboral. El trabajador se siente exigido. Las compañías lo imponen para globalizar tareas y obtener eficiencias operativas. Son parte de los requisitos actuales para tener "carrera".

La crisis laboral la sufren quienes cuentan décadas dentro de una empresa. Pero también los que recién ingresan. Mientras la Generación Y plantea cierta urgencia a la hora de progresar, los que están en el umbral del retiro se dan cuenta del alto precio que han pagado en pos de su carrera, cuánto pusieron en juego. Sin embargo, como vimos en el capítulo anterior, si se cambia la idea de carrera por la de desarrollo, el impacto en las personas podrá verse morigerado. La ambición de éxito se trocará por permanencia, crecimiento personal y profesional, y por aprendizaje. La consigna es repensar la carrera en sentido vertical y plantearla en un sentido horizontal. La clave es el cambio de mirada: disfrutar del presente, del día a día en una empresa, que cada peldaño de esta escalera signifique un pequeño logro diario.

Para los individuos, es importante entender qué ponen en juego por esa carrera, comprender si ese cambio en la modalidad de trabajo, cualquiera sea, hace algún aporte al desarrollo personal y profesional. Porque, sabemos, la carrera es azarosa y difícilmente esté garantizada, más allá de lo que se prometa. Esta idea no atenta contra la ambición personal. Es decir, no implica conformarse o evitar crecer. Simplemente se trata de no dejar todo en esa búsqueda y apostar –primero– al desarrollo personal y –luego– al profesional. Un aspecto viene de la mano del otro, aunque la ecuación sea distinta. Lo esencial sería no dejarnos presionar por el mandato tradicional, un conjunto de preceptos que, en general, bloquea la posibilidad de libertad para plantear el autodesarrollo.

Es muy difícil para las compañías prometer y cumplir en términos concretos los pasos de carrera, porque son demasiadas las variables que entran en juego. Por ejemplo, la situación de la organización, la disponibilidad de puestos, el desempeño sostenido de la persona. Por lo tanto, lo mejor que podemos hacer quienes tenemos responsabilidad de definir carreras es dar ideas generales y parámetros a través de los cuales se podrá diseñar el desarrollo. Pero intentando prometer lo menos posible, ya que en la medida en que las promesas no se cumplan, lo que se afecta fundamentalmente es la confianza en la empresa. Por estos motivos, desde el punto de vista del individuo, las decisiones tienen que estar atadas más a "qué me agrega este cambio a mi desarrollo", que a "hacia dónde me lleva".

La escalera horizontal: que el ascenso sea desarrollo

Ocupar un lugar en la sociedad, gozar de cierto estatus y consumir iguala a los jóvenes del milenio y a los empleados de generaciones anteriores. Esta realidad es paradójica respecto de los Y: a ellos, para quienes el trabajo es algo más en una larga lista de intereses, no les importa tanto analizar cuánto tiempo o cuán rápido deben ir para ascender. Sin embargo, contar con un ingreso que les garantice calidad de vida los obliga a pensar que su empleo y los logros que consigan son fundamentales para alcanzar el estándar.

No se trata de competir ni llegar antes que el compañero, sino que responde a una necesidad intrínseca de independizarse económicamente, aunque eso no implique abandonar el hogar materno-paterno. Al mismo tiempo, no pueden concebir la idea de estar dos o tres años en el mismo puesto. En principio, porque experimentan un menor interés en proyectar a largo plazo.

Esto ocurre por varios motivos, por las características generacionales propias que ya vimos, pero también porque la historia se lo ha enseñado; muchos vieron cómo sus padres pasaron 20 años de su vida en una empresa que los dejó en la calle en la crisis económica que arrasó a la Argentina en 2001, por ejemplo. Esos momentos socioeconómicos de un país marcan a generaciones. En cuanto a los Y, las vivencias familiares de ese tiempo funcionan como un espejo en el que todavía se siguen mirando.

Otro gran mito: la planificación de carrera con cuadros de reemplazos estrictos y controlados. Ese es un proceso que solo puede darse con grados de detalle y seguimiento en los puestos más altos de la pirámide. Sucede que, en la base, la dinámica de la propia organización hace que sea muy difícil lograr precisión en un proyecto de carrera. Lo mejor que se puede hacer es identificar con claridad desempeños y potenciales a través de evaluaciones justas que, a su vez, definan una priorización de candidatos para futuros puestos. Es decir, planificar quiénes crecerán más rápido, pero sin detalle de cuándo y cómo, porque la mecánica de los negocios no puede garantizarlo.

Hacer más con menos gente es un proceso que se dio en muchas compañías globales en los últimos años y sirve como ejemplo para ilustrar la dificultad de delinear una carrera. El empleado multitarea es un modelo que beneficia a las organizaciones y se está afianzando a través de la concentración de roles en una sola persona que antes se distribuían entre varias. Esta modalidad de trabajo, además de restringir a quienes esperaban "el próximo paso", implica muchas veces hacer base en un lugar y manejar gente en otros países, conectados a tiempo completo, con responsabilidades "estiradas" y con viajes permanentes. Dentro de las organizaciones, esto significa mayor presión, incluso en niveles jerárquicos, y además limita las posibilidades de carrera previstas.

Mientras, el mercado les exige ser competitivas y rentables, dos de las características del contexto tan cambiante en el que deben moverse las compañías. No se trata de un complot para hacer más lentas las carreras de quienes estaban esperando, sino de estrategias corporativas para mejorar sus costos de Management. Sin juzgar si está bien o mal, sí puede decirse que ese tipo de procesos confirma lo azaroso de las carreras y la dificultad de las organizaciones que por dinámica interna son incapaces de prometer pasos concretos.

Cuando esos mismos profesionales planificaron sus carreras, probablemente no imaginaban que ese crecimiento iba a estar asociado al estrés laboral que ese modelo impone. El arquetipo de carrera, que todavía resiste en muchas organizaciones, pone en crisis a muchos jóvenes y los lleva a un terreno donde es necesario crecer más rápido de lo deseado o los hace participar de modelos que no comparten para sostener sus gustos, con el contrapeso de su resistencia.

Si estos jóvenes no aspiran al vértigo de la carrera, ¿dónde debe darse el cambio para que se queden y crezcan personal y profesionalmente? La idea de construcción horizontal de la carrera, en la que el empleado pueda elegir en qué quiere entrenarse –un espacio donde se sienta libre de analizar cuál es su mejor costado para explotar– es una manera de sacar el foco del ascenso jerárquico y bajar la presión por lograrlo.

Romper con el esquema de la carrera en términos de ascenso significa hacer mucho más nutritivos los puestos de trabajo, dar movilidad dentro del mismo nivel, capacitar, aventurarse en experiencias vivenciales sacando a la gente de la empresa y llevándola donde están el consumidor y el cliente. Aprovechar las *networks* que son –justamente– horizontales. Acompañar el desarrollo del empleado con líderes que guíen y que escuchen. Los buenos jefes son los que alientan la búsqueda de posibilidades diversas de formación y crecimiento.

Y que el punto de referencia de las compañías deje de ser la zanahoria: si la organización no sabe cómo va a ir su negocio, es imposible que pueda garantizar veinte años de carrera. El cambio de discurso consiste en ser moderados y también menos exigentes con respecto a la velocidad de la carrera. Porque acaso, ¿qué compañía se atribuye el derecho de garantizar crecimiento si la dinámica del mercado pone en jaque también a su propia expansión?

La importancia del disfrute diario

El contexto en el que operan las empresas en la actualidad no es amable, lo que se traduce en más obligaciones para quienes forman parte de ellas. En la medida en que no se compense el estrés laboral, el resultado será inevitable: individuos espantados por el sistema de trabajo corporativo, que se convierten en cuentapropistas o en un "intento de cuentapropistas". Metafóricamente, asistimos a la muerte de la relación de dependencia tal como la conocíamos. A nadie puede interesarle vivir angustiado por el estrés y la presión en el trabajo, y eso dispara el punto de inflexión.

El modelo de éxito de las generaciones anteriores iluminaba el horizonte: las expectativas puestas en lo que viene, en lo que se logra con esfuerzo en un tiempo determinado, toda una vida laboral anclada en el futuro. Antes se anhelaba el modelo de vida integral, que incluía a la familia, la vivienda propia, las vacaciones y el ahorro para gozar de un retiro pleno, tranquilo y seguro. Y en cuanto al empleo, se aspiraba a un puesto determinado en la organización, en la cual permanecer el mayor tiempo posible. Bajo el modelo del desarrollo ascendente, el empleado de antaño ansiaba el cargo y tomaba un rumbo unidireccional. Eso conformaba su propósito.

Y entre todo ese cúmulo de objetivos, olvidábamos el presente, el disfrute diario, todo eso que se pone en juego en la felicidad laboral. Mirar la mitad del vaso lleno o la que está vacía es un concepto absoluto en el mundo del trabajo. Un indicador del estado de ánimo de un empleado depende de qué parte observe de ese vaso. Detenerse en la mitad vacía, siempre, contribuye a un proceso de destrucción de la satisfacción laboral. Sobre todo para los más jóvenes, quienes tienen por delante muchos años de desarrollo profesional. Su frustración temprana merece atención porque resulta que quienes la sufren se están perdiendo el momento más creativo y energético de su carrera.

Las compañías pueden optar por dar una visión de disfrute diario del trabajo a través de sus líderes, con el foco puesto en el presente de cada uno de sus empleados. Los Y tienden a aburrirse rápido, los empleados de trayectoria sienten que transitan la última etapa de su vida laboral y muchas veces no han logrado lo que ansiaban. O lo que es peor, lo consiguieron y ya no están en condiciones emocionales de disfrutarlo. El vértigo que daba una carrera apenas empezada terminaba en una gran frustración. Las fuerzas del trabajo están pasando por un momento crítico porque esa renovación de energías que se daba en el pasado por la inclusión de los más jóvenes ya no funciona de la misma manera.

Las reglas de juego empiezan a cambiar. Y quienes imponen nuevas normas son los jóvenes Y que se integran a las organizaciones. Su idea de desarrollo personal se contrapone con la de crecimiento profesional. Están en la búsqueda permanente, aventurados en la exploración de la vida, en "experimentar". Lo hemos dicho: deportes, entretenimiento, horarios flexibles, sin planes, atentos a lo último en tecnología. Si les interesa el cine, hacen un curso; si quieren, preparan una mochila y se van de viaje por tiempo indeterminado. Las compañías, entonces, se desesperan. No comprenden estos mecanismos, siguen conectadas al modelo anterior.

Permanencia y retención ya no son palabras clave. El largo plazo ya ni siquiera es factible. Los nuevos conceptos son corto plazo y cómo garantizar que al menos en ese tiempo de permanencia los jóvenes quieran dar esa milla extra creativa y luminosa que nos diferencie de nuestros competidores.

Sin embargo, la capacidad de disfrute puede ser un gran factor de *engagement*. La construcción de satisfacción consiste en algo tan básico como ayudar a los Y a encontrar placer en lo que hacen a diario, partiendo de pequeñas tareas. ¿Cómo estimulamos la capacidad de disfrutar en los empleados más jóvenes? En principio, absorbiendo y procesando las críticas, entendiendo que es un valor generacional el cuestionamiento permanente al que los Y someten todo. Saber procesarlo va de la mano con dar respuesta a sus necesidades y reclamos. Hay que saber escucharlos, sin juzgamientos.

Como ya vimos, conectarlos con el disfrute es tarea esencial de los líderes. En la medida en que uno disfruta más, naturalmente es menos crítico. Los esfuerzos deberían estar dirigidos a ponderar la satisfacción antes que pretender que no cuestionen. En este sentido, conectarlos con el "hoy" es fundamental. Ayudarlos a vivir el presente, mostrarles los beneficios de valorar el aprendizaje, tranquilizarlos, crea un mejor clima de trabajo y alienta a la permanencia.

Pensemos que la Generación Y, a diferencia de las anteriores, no está preparada para atravesar problemas. Estos jóvenes son grandes "evitadores" de conflictos. Y en esto tiene mucho que ver la idealización que hacen del mundo del trabajo. Un Y cambia de empleo cuando no se entiende con un jefe. Supone que saltar a otra empresa vendrá con la ventaja de no tener que soportar a un jefe como el que tenía. Y, sin embargo, llegará a la nueva empresa, ocupará un puesto y, sin saberlo, tendrá que enfrentarse a otro que, incluso, puede ser peor.

La vida laboral es difícil, como lo fue siempre. La diferencia es que los empleados del milenio idealizaron el mundo del trabajo, poniendo en juego la resiliencia en el presente.

No están ahí para asumir con madurez y flexibilidad situaciones límite ni se sobreponen fácilmente a un conflicto. Pasan por el costado de la dificultad, huyen como si lo que les esperase más adelante fuera mejor. Tarde o temprano tendrán una crisis laboral, y será tarea de los líderes explicarles cómo es la vida laboral, plantearles que pensar cuánto uno crece día a día es un verdadero logro. Incluso, enseñarles que disfrutar es también un proceso de aprendizaje. Y que cuando existe un conflicto, atravesarlo fortalece. El gran trabajo con los más jóvenes es seducirlos con la idea de ciclos de aprendizaje.

Establecer esta relación de *feedback* con el empleado, es cierto, roza lo paternal. Pero aunque lleve tiempo y energía, aunque la mentalidad tradicional sostenga que no corresponde ese nexo por inmaduro, crear y mantener ese canal es una ventaja para las empresas. Mientras las compañías necesitan determinado tiempo para que los jóvenes agreguen productividad, ellos calculan que si en un año aprenden, al siguiente se están perfeccionando y recién al tercero le agregan valor a su experiencia, y no les cierra el ciclo. El líder también debe saber contener y mostrar que sí se puede trabajar en una compañía unos tres años. Eso evita la soledad y la angustia que pueda sufrir un empleado que no se sienta escuchado y hace que no quede identificado como poco comprometido cuando su salida sea imposible de frenar.

¿Cuánto tiempo hay que trabajar en una organización para crecer profesional y personalmente? Nadie es capaz de establecer plazos, pero sí es posible brindar un marco de autodesarrollo: planificar una carrera de acuerdo con los tiempos individuales, buscando en qué es mejor capacitarse para ser mejor profesional, entender –siempre individualmente– cuál es la mejor forma de sacarle el fruto a la compañía que en ese momento lo emplea. Por eso es importante desidealizar: solo uno mismo sabe cuánta experiencia y formación acumuló, y por lo tanto determina cuándo es el momento de partir. Cuando uno logra aprender y desarrollarse en una empresa, lo está haciendo sobre todas las cosas en beneficio propio, y podrá utilizar esas capacidades en esa misma empresa o en cualquier otra en el futuro.

Pasar de la carrera vertical por tradición a su horizontalidad es algo que todavía muchas compañías no lograron entender. Son las que siguen tentando con puestos jerárquicos como ecuación de valor. En tanto las empresas no entiendan que ya estamos inmersos en la transformación cultural de los Y, van a seguir produciéndose crisis internas. Y eso, en general, termina en fracaso.

CAPÍTULO VIII

EQUILIBRIO ENTRE TRABAJO Y VIDA.
O SIMPLEMENTE VIDA

Un buen desempeño deviene, sin dudas, de la alta motivación y autoestima, lo que en muchos casos está directamente relacionado con la energía y la vitalidad de una persona. Si el concepto de éxito –tal como lo comprendían las generaciones anteriores– empieza a entrar en desuso y la Generación Y tiene como premisa la "vida integrada", las compañías deberán atender con mayor cuidado la salud de sus empleados.

Como ya repasamos, los jóvenes del milenio pretenden que el trabajo esté fusionado positivamente con el resto de su vida, en contraposición con la representación psicológica que tenían las generaciones anteriores de su empleo. Naturalizado, trabajar resumía un todo social donde el empleado reservaba poco tiempo para la recreación, el entretenimiento y la familia. Pero el escenario ha cambiado. La motivación hoy se construye con otras bases intrínsecamente ligadas al bienestar físico y mental.

De eso se trata este capítulo, de crear una cultura de la vitalidad. Cómo, de manera creativa, las empresas pueden implementar hábitos saludables para que su gente se sienta mejor, tenga más resiliencia y también sea más efectiva a la hora de trabajar. Es el momento de poner a prueba herramientas para mejorar la calidad de la vida laboral, crear una cultura antiestrés y afianzar el vínculo entre empleados y organizaciones. Este nuevo paradigma evita el búmeran: la angustia laboral impacta, dispara la insatisfacción y afecta a la productividad.

La representación mental del trabajo y el cambio generacional

Para las generaciones anteriores, "llenar" la vida con trabajo era vaciarla en otros sentidos. Quizás la familia y los amigos eran el primer blanco de esta conducta socialmente naturalizada. Representémoslo como una botella: un 90 % dedicado a la oficina y el resto, ese pequeño resto, a la vida misma (pareja e hijos, amigos, ocio). Adicionalmente, esa dedicación excesiva no nos ejercitaba para afrontar el déficit que constituye ese 10 % de la botella vacía. Entonces ¿qué mejor que invertir tiempo y esfuerzo en el trabajo? No es casual, sino sociológico: en el pasado la construcción del "ser social" se basaba en el eje laboral, pero en la actualidad, los jóvenes no construyen el lugar social desde el trabajo como único o eje principal. Primero son amigos, parejas, maratonistas, emprendedores y, luego, empleados.

La dedicación excesiva de las generaciones anteriores no los ejercitaba para afrontar el déficit de ese 10 % de la botella vacía. Muchas veces el tiempo dedicado al trabajo compensaba los problemas que aparecían fuera de él. Entonces, lo mejor era invertir tiempo y esfuerzo en la actividad laboral y llegar a casa tarde, cuando los problemas del hogar parecían haberse disipado.

Ese es un concepto muy común en las generaciones anteriores: negar que la noche ha caído y que aparenta estar todo resuelto, cuando en realidad ellos han estado ahí poco tiempo para hacerles frente a los conflictos de la vida cotidiana. Las excesivas horas de trabajo muchas veces eran mejores que las pocas horas en el hogar. Quizás por eso también se tramitaban menos divorcios, más allá del valor sociocultural que tenía el matrimonio como institución. El mundo laboral invadía el privado, y eso evitaba la expansión de las relaciones sociales. En pos de la carrera, la angustia laboral era un aspecto que se consideraba poco. De hecho, el estrés tampoco se canalizaba abiertamente en el lugar de trabajo. ¿Dónde, entonces? En ese mismo lugar que se eludía: la casa. A la hora de la descarga, ¿qué mejor que un cónyuge dispuesto a escuchar?

Desde el comienzo, los Y expresan su malestar en el ámbito de trabajo, y no en otro lugar. En principio, porque no quieren que la angustia laboral impacte en sus otras dimensiones de la vida. La Generación Y impone otro mecanismo de manejo del estrés: los conflictos laborales se resuelven en el ámbito de trabajo y, lo que pertenece a la intimidad, se aclara en casa. Por eso son más exigentes a la hora de demandar en las compañías. Como ya hemos dicho, no podemos entrar en conflicto con esa realidad; en definitiva, no podemos pelear contra su sistema de valores. Los trabajadores que se están integrando a las organizaciones –y los que vendrán– quieren que el trabajo se integre positivamente en otros aspectos de su vida. Y este requisito, si bien no es nuevo, cobra una dimensión diferente.

Para la gente que permanece en las empresas y responde al modelo cultural que tiene al trabajo como centro, el empleo otorga un lugar en la sociedad. A partir de ese puesto que ocupa, se construyen relaciones sociales. Incluso, a partir del trabajo se "es" en el seno familiar o entre los amigos. El miedo a ya no ser es el factor psicológico más importante a la hora de perder un empleo por parte de la gente de las generaciones anteriores a la Y. El trabajo es un estilo de vida porque constituye la conexión con el entorno, y si es un medio de presentación social, entonces todo lo que le pasa a ese individuo en el ámbito laboral impacta psicológicamente en el resto de los ámbitos personales. Veámoslo de esta manera: si yo soy empleado, y mi trabajo es una parte tan importante y representativa de mi vida, ¿qué sucede si me despiden? Esa persona sentirá que lo han desplazado de todo: de su familia, de su grupo de amigos, de sus hijos... de su vida. La representación mental del trabajo es tan fuerte que se experimenta una pérdida de su lugar en la comunidad cuando ya no lo tiene. Ese individuo desempleado se percibirá fuera de toda esencia.

La vida laboral es una montaña rusa, veloz y vertiginosa, que pocas veces podemos controlar. Hoy estamos en la cresta del tobogán mecánico, mañana en caída, quizás un tiempo largo en la meseta de la pista. No existe trabajador que pueda jactarse de ocupar ese carro que va en sentido ascendente con tiempo suficiente y puntería para tomar la sortija de los logros en forma permanente. Entonces es importante atender, en algún momento de la carrera, si estamos preparados para el fracaso o el desempleo. Qué ponemos en juego a la hora de hablar de trabajo, qué representación psicológica y qué connotación social tiene para nosotros.

Entender qué nos espera allá afuera es la primera parte de un proceso psicológico que sigue con el establecimiento de mecanismos de resiliencia y activación de opciones para construir un nuevo futuro laboral. Es indispensable que esa construcción comience desde que estamos con trabajo y "en el" trabajo. El entendimiento de esa dinámica hace que los niveles de presión laboral disminuyan y que el temor al abismo mute a una mayor responsabilidad en el día a día, pero sin esa sombra negra que azota la cotidianeidad. La vida no es sinónimo de trabajo, entonces no vale la pena poner en juego mucho más de lo que psicológicamente podríamos soportar.

En mi experiencia, los empleados que menos miedo tienen a perder su empleo son quienes van más allá de las fronteras creativas y quienes están más predispuestos a aceptar desafíos y nuevos proyectos. El "no-miedo" enciende. En ese sentido, es desacertado el estilo de comunicación que tienen muchas empresas, me refiero a aquellas que amenazan con la pérdida del trabajo con el objetivo de obtener mejores resultados en la ejecución y la eficiencia. El miedo nunca es sinónimo de productividad.

Esta concepción del trabajo como eje de la vida se está disolviendo con la irrupción de la Generación Y. Ellos manejan con más facilidad la disolución de vínculos, y eso les da cierta ventaja. Pero no se trata de falta de compromiso. Tiene que ver con que ellos cuidan, como no lo hacían las generaciones anteriores, aspectos más amplios de las relaciones sociales que sembraron fuera del ámbito del trabajo. Son dueños de un rasgo psicológico que los distingue de quienes hace años son parte de una organización: pueden salir de la oficina y enfrentar conflictos personales más fácilmente, aunque también con mayor inconsciencia para medir las consecuencias a largo plazo. Pueden dedicarle ocho horas a su tarea y planear qué harán después con su pareja, amigos, hijos o solos. Esa tendencia del pasado por no afrontar el déficit externo va desapareciendo. No son mejores ni peores: son diferentes. Los jóvenes de la Generación Y no se aferran al trabajo para correr el eje de lo que no funciona afuera.

Una cultura antiestrés

A mi entender, el equilibrio entre la vida laboral y la personal ya no es una moda, sino una de las propuestas de valor más importantes que los empleadores tenemos para ofrecer al mercado laboral en línea con las nuevas demandas. Se trata de un elemento central para garantizar más compromiso y permanencia. Es el mecanismo que tendrán que empezar a proponer las compañías para ayudar a los empleados a que tengan un mínimo interés en trabajar en una organización.

Varios factores convierten a este nuevo valor en relevante. Uno, que ya lo mencionamos, es el reposicionamiento de las actividades no laborales en la vida de los jóvenes. El segundo tiene que ver con la preocupación del cuidado personal, tanto de la estética como de la salud. El bienestar personal es uno de los pilares de las compañías para comercializar sus productos. Se ofrecen tarjetas de crédito, autos, turismo y productos de cosmética para mejorar la calidad de vida, alimentos no solo sabrosos, sino con propiedades que también ayudan a cuidar la salud. Incluso más allá de la vida: los servicios fúnebres de todo tipo experimentan su propio *boom* para "descansar en paz". Esta demanda de bienestar es, entonces, el valor más importante para los empleados jóvenes.

El bienestar laboral deviene de muchas de las cosas que ya expusimos, como la cultura de la organización, el trato del supervisor, el respeto por las normas, la valoración y el reconocimiento. Pero todo lo relacionado concretamente con la salud, el manejo del estrés y el equilibrio entre trabajo y vida personal son clave para desarrollar talento y, sobre todo, generar valor como empleador y como marca de empleador.

¿Qué es, entonces, lo que hay que cambiar internamente, y qué hábitos hay que dejar atrás, para privilegiar el *wellbeing* (bienestar interno)? Planificar y tratar de acompañar al empleado para que se sienta mejor física y emocionalmente es una primera respuesta. La dinámica *Work and Life Balance* no solo abarca las nuevas modalidades de trabajo, como las licencias extendidas de maternidad y paternidad, los períodos sabáticos, el trabajo virtual, la flexibilidad horaria, la división de puestos entre dos personas o el día libre luego de varias jornadas ocupadas con viajes de negocios. Podríamos enumerar muchas estrategias que las compañías orientadas al cuidado de su capital humano han implementado en los últimos años para generar ventajas competitivas.

Hay mucha creatividad, muchas más opciones, a la hora de aplicar calidad de vida laboral. El objetivo es entender que la demanda debe estar satisfecha, no porque las empresas sean bondadosas, sino porque el fin último es gestionar mejor talento y generar más resiliencia interna. El equilibrio vida-trabajo no solo resulta un bien para el empleado, es una manera de aumentar la productividad de una organización, y le permite ganar velocidad. La suma de resiliencias individuales genera una de nivel colectivo.

Sink, float or swim, en su traducción al español "hundirse, flotar o nadar", es un libro escrito por Scott Peltin y Jogi Rippel, publicado en 2009. Allí se definen cuatro áreas de trabajo para mejorar la calidad de vida laboral. Las retomamos aquí como estrategias viables para empezar a implementar en las organizaciones. Para los autores, son cuatro las áreas centrales de calidad de vida laboral. La mentalidad, la nutrición, el movimiento y la recuperación son factores que influyen directamente en los niveles de los que nos ocupamos en este apartado: energía, resiliencia, capacidad y *performance* mental. Cada una de ellas va de la mano, coopera. Aquí, algunos de los lineamientos que se enumeran en dicha publicación.

Mentalidad (*mindset*). Ser conscientes de los puntos fuertes, y usarlos de manera coherente. Al mismo tiempo, replantear las ideas de bajo rendimiento. Prepararse mentalmente: establecer intenciones y visualizarse. Tomar conciencia de las cualidades, atributos y habilidades que se desean desarrollar a nivel personal, y tener un plan para lograrlo.

Nutrición. Ser conscientes de qué comemos, cuánto y por qué. Empezar el día con un buen desayuno, equilibrar carnes con proteínas, grasas saludables y carbohidratos. No olvidar sumar frutas y verduras. Limitar el café y el alcohol. No comer de más. También en este aspecto las compañías tienen una labor por hacer. La vitalidad interna comienza con la importancia que se le dé a la buena nutrición de los trabajadores.

Movimiento. Preferir las escaleras a los ascensores, caminar en cuanto haya una posibilidad para desplazarse. Si se está en un avión, tratar de levantarse y caminar. Esto estimula el flujo sanguíneo. Entrenar varios días a la semana, pero hacerlo con inteligencia antes que de manera fuerte. Moverse reduce el estrés y el dolor, incrementa el flujo sanguíneo y activa el sistema nervioso.

Recuperación. Hacer un trabajo de introspección, analizar cómo se siente uno. Dormir siestas: está comprobado que es una herramienta de alto rendimiento sostenible. No acostarse antes de las 22:30 y, en lo posible, no trabajar en la cama. Prestar atención a la respiración, analizar cómo impacta en el sistema nervioso. Planificar actividades de ocio. Divertirse en las vacaciones.

"Un nadador" es aquel que, según los autores, goza de un alto nivel de energía y la contagia a otros, recibe con satisfacción presiones y cambios, tiene buenas relaciones dentro y fuera del trabajo, siente que la vida está llena de oportunidades y está preparado para hacerle frente cuando la crisis golpee, sostiene a su personal. Pero, sobre todo, entiende que la forma de pensar, la nutrición, el movimiento y las estrategias de recuperación constituyen la base de todo alto rendimiento.

Quizás suene voluntarista, pero muchas de estas estrategias pueden resultar armonizadoras entre persona y organización. Y podrían enumerarse muchas más tácticas para crear salud laboral, pero ese no es el objetivo de este capítulo. Simplemente intentamos reconocer la importancia de contar con esas estrategias, más allá de la intensidad con la que se implementen.

Entonces, yendo a lo operativo: las empresas pueden ofrecer alternativas como Salas de Vitalidad, dar espacios para que los empleados puedan moverse, incentivar reuniones sociales entre compañeros. Impulsar encuentros productivos, dividir el día laboral con un almuerzo para volver a darle energía a la jornada de trabajo. Pero todo eso queda corto en comparación con el cambio de cultura que se generará. Habrá que enseñar estos hábitos –prepararse mentalmente, comer bien, moverse y descansar–, y los encargados de esa tarea serán –una vez más– los líderes. A la hora de crear marcos positivos de trabajo, ellos son actores protagónicos. Un jefe con frescura mental orientará mejor y creará un clima de trabajo más amable. Los líderes sanos física y mentalmente son los que inspirarán a las bases.

Otra característica de la cultura de la vitalidad tiene que ver con centrarse en las soluciones, y no en el castigo o revisión de errores. Esto no quiere decir no desafiar los límites o no ser ambiciosos en la fijación de objetivos. Los líderes deben subir la vara, desafiar e ir siempre por más, pero a su vez deben ejercer un liderazgo auténtico, que promueva el *feedback* con sus empleados. Aquellas empresas que canalizan la energía en resolver, y no en castigar, son las que tendrán asegurada una mejor salud laboral.

Resulta ambicioso, es cierto, pero también necesario. Las compañías deben fijarse metas pensando en las generaciones del futuro. Exigir, pero sin olvidar reconocer la mitad del vaso llena. Crear esa cultura del reconocimiento, del *feedback* y sobre todo de la preocupación por la salud y el bienestar quizás sea la tarea más difícil de una organización. Es también un modelo a vencer: las empresas más exigentes, que no paran, que trabajan sin límites, que no contemplan el estrés laboral, definitivamente, no son las más eficientes.

CAPÍTULO IX

LA EXPATRIACIÓN

Como vimos en el Capítulo 1, se está produciendo una reversión del proceso migratorio mundial en cuanto a trabajadores calificados. Si bien aún se mantiene el flujo desde los países emergentes a los centrales, la demanda inversa hacia las naciones en vías de desarrollo se ha acelerado vertiginosamente. El crecimiento ya no viene de los países desarrollados, por lo cual, es de esperar que esta tendencia se consolide en los próximos años o décadas. Este cambio en el proceso migratorio trae aparejado muchas modificaciones internas para las empresas y pone en el centro de la escena el manejo de las expatriaciones que las compañías multinacionales necesitan para consolidar sus estrategias de desarrollo de capital humano global.

Los motivos son muchos: requieren que la persona crezca y pueda ocupar un puesto de mayor envergadura, necesitan habilidades profesionales que no consiguen en determinado mercado local o simplemente porque el empleado no tiene un puesto disponible para ocupar en el país donde reside.

Desde el punto de vista del empleado, la expatriación debe ser un paso más en el desarrollo personal. Sin embargo, marca un punto de inflexión en la vida de un profesional y, tal vez, también en la de su familia. Se ponen en juego varias cuestiones emocionales al momento de mudarse a otro país por trabajo.

Nadie puede desconocer las virtudes y la riqueza, tanto para el profesional como para la empresa, de una experiencia internacional. Cuanto trae de bueno y positivo es largamente conocido. Es una manera de desarrollar talento y de cubrir brechas de personal calificado allí donde se requiera. Aunque, como reza el dicho popular, no siempre todo lo que brilla es oro.

Por tradición, las corporaciones ponen en marcha algunos recursos de seducción para generar el proceso de expatriación, en general, basados en el concepto de éxito del que ya hablamos. Para las generaciones anteriores puede ser un momento de profundo cuestionamiento a nivel familiar, por ejemplo. Los jóvenes del milenio toman esta propuesta como algo motivador, pero también sufren cierta crisis. En grados distintos o con diferentes connotaciones, la disrupción emocional vale para ambos.

Hay cuatro escenarios posibles para ilustrar el resultado de una expatriación: uno ideal, en el que gana la familia y el profesional; el intermedio, que oscila entre el bienestar del trabajador pero no el de la familia, y viceversa, y ese en el que, al final, nadie saca provecho. En este marco, abundante en posibilidades, el proceso previo a la expatriación es el momento clave. Preguntarse *para qué* es la cuestión central que alivia e ilumina ese tránsito hacia la expatriación. Lo mismo sucede con *qué gano* personalmente con el traslado. Lo personal tiene –incluso– más peso que lo profesional.

La nobleza de las compañías para respetar el derecho a elegir es tan importante como esas dos preguntas fundacionales ante una expatriación. Por sus propias necesidades, muchas veces las organizaciones no consideran el impacto personal que a veces genera en un empleado la propuesta de expatriación.

En este sentido, podríamos decir que existen dos tipos de organizaciones: las que acompañan al empleado, aclarando cuáles son los pros y los contras del traslado, y las que lo despachan a ese país desconocido donde deberá desarrollarse. ¿Asentarse en otro país, en otro continente, asegura el éxito profesional? No necesariamente. Entonces, la aventura está en otro lado. Estoy convencido de que la expatriación debe decidirse más con el corazón que con la mente.

¿Para qué me voy? ¿Qué gano con la expatriación?

Vamos con un ejemplo bien local. Un ejecutivo argentino que transita la mitad de su vida puede estar evaluando en este mismo momento si es beneficioso para su carrera radicarse en, digamos, Tailandia. Este hombre tiene una situación socioeconómica ventajosa que le permite acceder a lo básico y más. Su estándar es bueno en términos de calidad de vida y de acceso a la salud, a la recreación, a lo cultural y educativo. Él y su familia tienen proyectos en el país, pero a pesar de ello, está analizando una expatriación a un lugar absolutamente desconocido.

Conduce rumbo a su casa y en el viaje se plantea cómo le cambiará la vida. Duda, no sabe si le será fácil adaptarse a la comida, al idioma, al clima. Entra en guerra con su "ser argentino": nostalgia, tango, mate y asado. El pico de análisis sucede cuando se da cuenta de que no hay tique de vuelta, como sí existía antes. Porque cuando se crece mucho en jerarquía, la patria queda cada vez más lejos. "Tengo un título, una vida armada, un puesto importante en una compañía internacional y una propuesta para radicarme en Tailandia, sin fecha de regreso", dice el empleado. Como profesional calificado, ¿estará dispuesto a mudarse a un país periférico para seguir su carrera? Basta formular la pregunta para que se sienta el impacto.

Hay un interrogante cuya respuesta prepara el terreno para tomar una decisión: "¿para qué?", pues responde si el individuo está listo para expatriarse, si puede asumir el desafío de dejar a los amigos, el mate, el asado, e ir a explorar algo nuevo y muchas veces muy diferente. Desde mi punto de vista, ese "para qué" nunca tiene que ser analizado exclusivamente desde la perspectiva profesional. Uno no es en función de su ser profesional exclusivamente. Muchas veces, en ese momento exacto de la verdad los profesionales tendemos a centrar el análisis en lo profesional y económico, y minimizamos el análisis del impacto personal o familiar. Sin embargo, este último nunca es independiente: tiene influencia en los otros aspectos.

Supongamos que alguna empresa ya puso a trabajar su mecanismo de seducción para convencerlo. Presiona, quizás una vez más, con el modelo de éxito: moneda dura, prestigio, poder, más carrera, desarrollo en el extranjero. Y cuando la persona no está preparada para evaluar las ventajas y desventajas de un traslado, caer en esa trampa es fácil. A eso, le sumamos que muchas veces quienes aconsejan son individuos que no han vivido el desarraigo. Entonces sobrevaloran las tentaciones profesionales y económicas, y descartan los problemas propios de ese proceso. En ocasiones, aquellos que impulsan una expatriación a toda costa piensan más en la necesidad de un negocio o de la empresa, que en la del propio empleado. Por eso, nadie mejor que el propio empleado para sopesar los pros, los contras y las necesidades personales.

Quienes están en mejores condiciones para asesorar son quienes vivieron la experiencia de emigrar, y no tienen compromiso alguno con la decisión a tomar. Ellos pueden decir cuáles son las ventajas y los perjuicios reales.

Mientras el profesional se pregunta qué va a ganar profesionalmente con el traslado, emerge un segundo interrogante ligado al primero: ¿qué gana como persona, además de como profesional? Las dos respuestas tienen que ser contundentes. Si dejo muchas cosas profesionales, tengo que ganar otras tantas personales. ¿Qué aprendo de la vida en otro país, de su diversidad cultural, de sus costumbres, de sus hábitos? ¿Qué me sirve para formarme como persona? Pero si, además, la expatriación incluye a la familia, también habrá que tenerlos en cuenta: ¿qué ganan ellos?

Si lo único que les corresponde a los que me acompañan es mi prestigio, mi crecimiento, mi desarrollo y mi situación económica –que es, en definitiva, lo que promete la compañía– entonces no ganan nada para ellos. La decisión en ese caso debe ser compartida, consensuada. Soy de los que creen que cuando hay dudas profundas en la familia, lo mejor es no irse, porque la bomba estalla en el exterior y sin contención, más temprano que tarde.

Para los jóvenes del milenio, la expatriación puede ser una verdadera aventura. Los Y tienen como parte de su concepción personal la posibilidad de ser ciudadanos globales y lo disfrutan. Sienten que se les abre una nueva dimensión y para ellos no es una amenaza, sino un factor motivante. Claro que a la hora de expatriarse entran en juegos muchísimas menos cosas que para el ejecutivo con familia. Sin embargo, las preguntas del proceso previo son las mismas: para qué voy y qué gano en lo personal, además de profesionalmente.

El rol de las organizaciones: expatriación o exilio

¿Por qué a las compañías les interesa expatriar empleados a largo plazo? Existen tres motivos. El primero lo plantean como una oportunidad casi excluyente para el individuo, tiene que ver con la intención de desarrollar a la persona en determinados aspectos para que pueda seguir creciendo. La segunda razón es que la empresa necesita habilidades que no encuentra en el mercado local. Y la tercera tiene que ver con la falta de lugar para ese profesional en el país y, por tanto, se le ofrece seguir su carrera en otro, para que pueda continuar con la relación laboral.

En general, por estos tres factores las compañías inician los procesos de expatriación y a diferencia de lo que sucedía en décadas anteriores, la propuesta casi nunca tiene pasaje de regreso incluido. Esa es la nueva carrera global. El profesional se va con la incertidumbre de no saber cuándo va a volver o, siquiera, si va a retornar en algún momento. La explicación es que las compañías, al ser globales, ya no consideran que el empleado deba desempeñarse en ese lugar donde nació y armó su vida. Cada uno de esos trabajadores es tan global como la organización misma.

Aquí también hay un detalle, no menor, desde lo generacional. Este concepto de empresas globales con talento global se viene gestando, aproximadamente durante los últimos 15 años. Con lo cual, los Y asumen el pacto antes de que sea explícito: saben, de antemano, que cuando ingresan a una compañía lo hacen por la puerta de un país, pero el interior es el mundo entero. Esto significa que están disponibles para trabajar en otra subsidiaria de esa compañía, en cualquier parte del mundo. Cuando las compañías internacionales toman jóvenes profesionales, lo hacen con un mensaje muy claro: no están siendo reclutados para un país específico, sino para el mundo.

El problema es que ese "contrato global" no estaba siquiera contemplado cuando se estableció la relación laboral con los empleados de generaciones anteriores, quienes ingresaron a las corporaciones décadas atrás. Entonces, para muchos, la globalización laboral es un fenómeno que no asumieron a la hora de comenzar a construir sus carreras, y por tanto, les genera mayor incertidumbre. No estaban preparados.

La expatriación, y sobre todo la ausencia de un boleto de vuelta, es un desafío extra para las culturas latinas, tan arraigadas a sus costumbres y a la familia como núcleo de socialización. Así, pues, a veces la expatriación es interpretada como exilio.

La insistencia con la que se manejan algunas empresas que buscan que sus empleados se expatríen a cualquier costo es tan fuerte como la resistencia natural de los trabajadores –los Y, y los otros– que tienen que tomar la decisión. El concepto de éxito es el eslogan con el que las empresas buscan el sí del profesional: si no hay expatriación, no hay éxito, y lo que vendrá es un cono de sombra sobre su carrera. Ese punto es una falacia de por sí, porque parte de una mirada mínima y unidireccional de lo que es una carrera. Quizás ese "cono de sombra" pueda caer en "esa" carrera y en "esa" organización (lo que, por supuesto, no es deseable). Pero las empresas olvidan que no son las únicas, y que el cono de sombra es fácilmente evitable para el profesional. Basta con mirar el mercado laboral, que, con seguridad, le dará un lugar mucho más "iluminado".

Hay otra trampa. Muchos ejecutivos han decidido expatriarse pensando que el crecimiento y la carrera estaban garantizados. Y lo hicieron porque, con la colaboración de la empresa donde se desempeñan, idealizaron el traslado. Se toparon con dos sorpresas: por un lado, el traslado no siempre asegura desarrollo profesional, y por otro, se dieron cuenta de que nunca se detuvieron a pensar en ellos, si era eso lo que esperaban para su carrera, y cuál era su búsqueda de éxito personal.

La adaptación al lugar también suele ser subestimada. Los primeros seis meses son los más duros. Es un proceso clave durante el cual el empleado se cuestiona qué hace allí. Podría decirse que es la instancia de la nostalgia y el cuestionamiento. Si todo va bien, sobreviene la etapa del enamoramiento del lugar. Recién al segundo año, el profesional está realmente instalado y experimenta "la vida real" de ese lugar. Es el período de la verdad, donde la nueva vida empieza a consolidarse.

Existen muchos casos en los que ni los integrantes de la familia ni el profesional logran sacar provecho de la expatriación. El escenario ideal, ese en el que ganan todos, no se da siempre, pero cuando sucede es maravilloso. Es importante analizar bien la situación, evaluarla en forma completa, antes de armar las valijas porque, una vez en tierra extraña, todo puede transformarse en un infierno.

Una vez que el profesional ha aceptado la expatriación, la empresa debe acompañar ese proceso. Hay organizaciones que entienden que es importante que el profesional y su familia se adapten de la mejor manera, y por eso se ocupan de destinar los suficientes recursos para apoyarlo (conseguir una casa, o el colegio para los hijos, si los hubiese). Eso es lo que distingue también a una organización socialmente responsable de otras, que depositan al empleado en un país extraño como si fuese un paquete.

Soy de la idea de que las compañías deben tener una estrategia consistente de expatriación, que muchas veces no tiene que ver con potenciar la cantidad de gente enviada a trabajar al exterior, sino con los reales objetivos de trasladar a alguien. El arte de entender para qué voy a expatriar hace que la compañía tal vez no lo practique tan seguido, y que a la hora de hacerlo, por un lado surja de una necesidad importante y por otro, que los recursos de acompañamiento del expatriado sean mayores.

Muchas veces, en este sentido, menos es más: una menor cantidad de expatriados, pero definidos con criterio y selectividad, hace que se puedan destinar más y mejores recursos a soportar estos traslados. Contención, seguimiento, mejoras en la calidad de vida, facilitación de soluciones, soporte personal, son aspectos que pueden mejorarse cuando los recursos para los expatriados están correctamente destinados.

Una empresa debe ser clara al momento de proponer una expatriación. Yo diría que debe ser "cruelmente honesta" porque, de lo contrario, estaría afectando las variables que pone en juego una persona a la hora de tomar una decisión tan importante. No ser honestos como organización y alentar un traslado termina en conflicto: la vida laboral del profesional queda marcada para siempre, y la frustración se extiende a su familia.

Este punto –que la organización explique los detalles del traslado y advierta los pormenores– es importante porque las corporaciones no están preparadas para hacer volver al empleado expatriado y ahí también cuenta la responsabilidad social que asuma la empresa. Ante la adversidad o la dificultad de adaptación, la compañía debe encontrar alternativas, con cierto tiempo y de manera coordinada, para que el profesional pueda regresar, aunque eso implique que el desarrollo de su carrera sea más lento.

Habitualmente, las compañías ponen más energía en el proceso administrativo de la expatriación (contratos, beneficios, mudanza, paquete salarial, etc.) que en el proceso de discusión central que tiene que ver con por qué es importante trasladarse al exterior, y qué cosas negativas y positivas se encontrará la persona en la marcha.

Una expatriación no asegura el éxito. El terreno en el que hay que crecer es adverso, el desafío es enorme desde todo punto de vista: el del idioma, el de la cultura, el del ritmo de una ciudad desconocida al que hay que adaptarse rápidamente. El trabajo es tan aleatorio que el objetivo no debe estar puesto en el éxito, sino en el aprendizaje de vida. La ecuación debe ser personal antes que profesional. Tan aleatorio es, que el fracaso no está descartado. Sin embargo, la frustración laboral se reduce a si se cumplió el objetivo de probarse en otro país a nivel personal. Aprender una nueva cultura, entender el funcionamiento de otras sociedades, conocer, vivenciar, interactuar, son en definitiva formas que representan lo que verdaderamente otorga una expatriación en el desarrollo personal. Si esto no está en primer plano a la hora de tomar la decisión y todo está atado exclusivamente al éxito laboral, las posibilidades de fracaso son mayores.

¿Qué sucede si el profesional se niega a expatriarse? Tendrá que hacerse cargo de su decisión. Probablemente, después no pueda pedir lo mismo que otro que sí aceptó la oportunidad. También existe la posibilidad de buscar otro rumbo y cambiar de compañía, o conformarse con el lugar que el empleado decidió seguir ocupando. En ese caso, el crecimiento será más lento, aunque eso también debe ser parte de asumir la decisión tomada.

No hay nada escrito. Las expatriaciones, así como tantas otras convenciones de las organizaciones, no son ni buenas ni malas. Se trata de alternativas, que serán relevantes y positivas para algunos y todo lo contrario para otros. Lo único importante es la honestidad con la que se propongan las opciones desde la compañía y la flexibilidad para no condenar a los empleados que se nieguen a la expatriación.

Las compañías deber ser siempre respetuosas de las decisiones de sus empleados y no deben forzarlos. Después de todo, y bajo una perspectiva corporativa, ¿quién puede obligar a un empleado a desarrollarse? Por todo eso, ante la oferta de un traslado al exterior, el profesional no debe aceptar las convenciones. Es primordial que analice profundamente cuál es la ganancia humana en otro país. Es el momento donde el corazón manda.

Reclutar donde hay talento y exportar

De Latinoamérica, sin ir más lejos, la Argentina sigue siendo el país con mayor disponibilidad de talentos. Esto ocurre por un doble factor. El primero tiene que ver con el sistema educativo público que, a pesar de que se ha ido deteriorando con el tiempo, todavía es fuerte si se lo compara con el del resto de la región. La oferta laboral profesional es mayor a partir de contar con una universidad pública más extendida. La disponibilidad se amplía, hay mucho más talentos para reclutar.

Al mismo tiempo, la calidad profesional de un argentino es muy valorada porque ha atravesado crisis permanentes. Esas crisis generan un "ADN" diferente con respecto al cambio: vivió períodos de inflación, recesión, hiperinflación, devaluación... Y eso lo convierte en un individuo mucho más flexible. Entonces, está inconscientemente preparado para afrontar contextos adversos afuera del país.

La generación de mano de obra calificada en mayor cantidad y calidad que otros países y el ADN del cambio han hecho que los ejecutivos argentinos hayan sido muy exitosos al trabajar en el extranjero en las últimas décadas, y siguen siendo muy requeridos en las organizaciones globales para operaciones fuera del país.

La marca argentina, en el caso de sus trabajadores, todavía está en pie, y esta ventaja debe ser aprovechada por los responsables locales de las organizaciones multinacionales para generar un círculo virtuoso en el cual la Argentina sea un neto exportador de talento para sus casas matrices y otros países. Ese círculo virtuoso comienza desde el reclutamiento, pero sigue sin duda con un contrato explícito con las casas centrales para transformarse en un exportador neto de mano de obra calificada.

Son muchas las organizaciones que hablan de la importancia de contar con una estrategia de desarrollo de talento, pero son pocas las que la tienen. Más allá de los detalles, es fundamental que esa estrategia abra de par en par esa puerta global, para que el circuito de crecimiento no tenga las fronteras geográficas del país y se garantice un flujo permanente de desarrollo. Pero este rol de exportador de talento debe ser claro y certificado desde la casa central de las organizaciones para que el esfuerzo por reclutar y desarrollar no se tope con barreras impensadas. Esa discusión con la casa matriz es la que legitima una estrategia de desarrollo de talento y la convierte en creíble y consistente. Las organizaciones y la Argentina, como país, tienen un activo que todavía no ha sido lo suficientemente explotado. Reclutar talento para el mundo es una oportunidad única para las organizaciones que operan en nuestro país.

CAPÍTULO X

LA MITAD DE LA VIDA

La vida humana puede compararse con el recorrido del sol.
Por la mañana asciende e ilumina al mundo.
Al mediodía alcanza su cenit y sus rayos comienzan a disminuir y decaer.
La tarde es tan importante como la mañana.
Sin embargo, sus leyes son distintas.
Carl Gustav Jung (1875-1961)

Hasta aquí hemos invertido mucho tiempo en reflexionar sobre la relación entre la posmodernidad laboral y la irrupción de la Generación Y en el mercado del trabajo. Es que los Y son producto de la posmodernidad y podría decirse que esta es, a su vez, un producto de la influencia de los del milenio. Eso los hace indivisibles. Pero en este cambio rotundo de las reglas del mundo laboral, los Y no están solos. Tienen jefes y compañeros que vienen de otras generaciones, que también les ponen el cuerpo a las transformaciones laborales que demanda esta nueva era.

Como vimos, los jefes o simplemente los conciudadanos de los Y que provienen de generaciones anteriores son claves para conducir y acompañar a los jóvenes en esta era de transición e integración cultural.

Ellos también viven el proceso natural de su vida, por fuera del trabajo. Este no pretende ser un capítulo de enfoque psicoanalítico. Sin embargo, es insoslayable su conexión con el mundo laboral.

¿Con qué problemas se tropiezan hombres y mujeres de esta época en la mitad de su vida laboral? ¿De qué manera impactan estos cambios en los líderes y cómo afectan a las bases? Aquí recuperaremos algunas ideas de Carl Jung, quien se abocó al estudio de la segunda mitad de la vida de los individuos con el apoyo del libro *La mitad de la vida como tarea espiritual - La crisis de los 40-50 años*, escrito por el alemán Anselm Grün. Jung continuó el trabajo de Sigmund Freud signado por la infancia y la adolescencia de las personas. Para Jung, psicólogo y psiquiatra suizo, no es necesario revisar la primera etapa de la vida, sino que es posible entender a las personas en su aquí y ahora.

Él estableció la mitad de la vida entre los 35 y 45 años, un punto de profundo cambio en el que el desarrollo del Yo tiene que transformarse en la maduración del sí mismo. El problema fundamental de este cambio consiste en que el hombre cree que puede dirigir la segunda mitad de su vida con los medios y principios de la primera. Ese es el nudo del conflicto: el momento de caminar hacia lo interior y esencial del individuo, pasar de la expansión a la introversión. Dice Jung: "Lo que la juventud encontró, y debía encontrarlo fuera, el hombre de la tarde lo debe encontrar en el interior".

Es relevante para este ensayo porque la mitad de la vida es un mojón para cualquier empleado, profesional o ejecutivo que ya ha recorrido un camino laboral. Los líderes suelen aferrarse a sus logros, a su modelo de éxito en contraste con los jóvenes Y que no necesitan aferrarse a nada todavía. Los jefes se sienten inseguros y amenazados en el momento en el que deberían relajarse y asumir un nuevo rol, prestando el oído a su voz interior, aceptando sus contradicciones y debilidades, manteniendo los valores antiguos y reconociendo los nuevos y posiblemente contrarios. Eso crea un liderazgo auténtico, la única forma de acercarse y crear lazos con los jóvenes empleados.

Jung establece cuatro categorías para analizar los problemas con los que se topa el hombre en la mitad de su vida: relativización de su persona, aceptación de sus contradicciones, la integración de lo masculino y lo femenino, y la aceptación de la muerte. A ellas se enfrentará un individuo en la segunda mitad del ciclo vital, a partir de los 35 años. Tomaremos algunas de ellas para ligarlas al mundo de las organizaciones, teniendo en cuenta que existen mandatos corporativos que obligan al éxito en la carrera como contexto general. Pero también poniendo en primer plano la construcción del individuo que debe hacerle frente a la presión psicológica que las empresas imponen.

La etapa en la que domina la inseguridad

Según Jung, la afirmación de la persona se hizo a costa de la represión del inconsciente. Para fortalecer su Yo, el hombre tuvo que colocarse una "máscara" en la primera mitad de su vida. Así encontró su lugar en el mundo, se amoldó a las expectativas del entorno y se protegió. Pero bajo ese mecanismo, descuidó otras dimensiones. Esos rasgos no vividos, en parte excluidos por motivos morales, sociales o educativos, cayeron en la represión y por eso, en la disociación. Estarán depositados en el inconsciente hasta la mitad de su vida. Para Jung, se trata de un período de relativización de la persona. Entra en una etapa de inseguridad, porque se afirmó a costa de la negación del inconsciente. Su consciente se quiebra, pierde el equilibrio y queda desorientado. Para defenderse de esa inseguridad, lo habitual es anclarse en el pasado.

Ya metidos en el mundo de las corporaciones, el individuo se aferra a lo seguro: el poder, la jerarquía, el puesto que llegó a ocupar gracias al esfuerzo que puso en construir una profesión. Deviene el mal humor, la capacidad de reírse de uno mismo empieza a desaparecer, se vuelve muy difícil aceptar un juicio de valor desfavorable, y visualizarse críticamente. Ya lo dijo Jung: "La profesión es seductora porque representa una compensación barata por una personalidad deficiente".

Un líder se encuentra en la mitad de su vida con un cúmulo de cosas que hizo bien, otras que hizo mal o regular, otras que simplemente no hizo y algunas que hizo pero en realidad no quería hacer. Entonces se ancla en su jerarquía y modelo de éxito. Y como los Y no necesitan asegurarse en eso porque aún no lo tienen o porque probablemente la corporación en la que se encuentren mañana va a ser distinta, el ejecutivo se siente amenazado. Los jóvenes del milenio llegaron para cuestionar ese arquetipo y ese modelo de éxito al que el líder está anclado y del cual hablamos en la Introducción de este libro. Y sobreviene el rechazo: para los jefes, los Y no se comprometen con la organización, no quieren trabajar o progresar, son irresponsables o simplemente no quieren responder a la estructura a la que ellos se sometieron.

Para no llegar a esta situación –o sobreponerse–, el jefe tendrá que escuchar su voz interior y desarrollar su esencia. Eso significa la introspección, pensar dentro de sí, abstrayéndose de los sentidos y de los modelos mentales que construyó hasta ese momento de su vida. Un esfuerzo enorme, por cierto.

Darse cuenta de que hoy es un profesional que ocupa ese lugar que sin dudas se ha ganado invirtiendo tiempo y energía, y aceptando que esa manera no es la única forma de llegar. Correrse del eje significa empezar a darles la bienvenida a otros caminos, diferentes. Escuchar esa voz interior permite ser mucho más abierto a la hora de oír críticas, mirarse a sí mismo para desarrollar la personalidad interior es el principio de una sana apertura al cambio.

Integrar las contradicciones en lugar de "eliminarlas"

La primera mitad de la vida acentúa unilateralmente el consciente con la afirmación del Yo. La inteligencia creó ideales que tienen su contrapartida en los opuestos depositados en el inconsciente. Así como los modelos de comportamiento que el hombre vive lo hace de forma consciente, en el inconsciente residen las actitudes contrarias. Somos seres polares y la mitad de la vida exige volverse ahora también a los polos contrarios, aceptar "la sombra" (así la llama Jung), y confrontarse. Pararse delante de un espejo e integrar las contradicciones en vez de "eliminarlas".

Empeñarse en los antiguos valores, ponderarlos como verdaderos y únicos, es obstinación, endurecimiento y limitación. Es lo que no permite el cambio y bloquea la adaptación que es, en definitiva, el impulso para que las organizaciones cambien. Tenerle miedo a la contradicción no le da espacio a los líderes auténticos, y eso juega en contra porque lo que más valoran los jóvenes son los líderes que se muestran tal como son, con sus luces y sombras. Si los jefes solapan sus "sombras", dejan de ser confiables. Y eso para un líder de la posmodernidad es demoledor.

Otra reacción al ocultamiento de las contradicciones es echar por la borda los valores que hasta el momento de la crisis tuvieron vigencia, es volcarse al polo opuesto en el que el individuo –o, en este caso, el profesional– estaba anclado. Es el momento en el que, según Jung, se cree que por fin se puede vivir lo reprimido. Sin embargo, la represión sigue latente porque el cambio de actitud es un trueque con la vida: se vive lo reprimido, se reprime lo vivido, y sigue sin haber equilibrio. Eso es "eliminar".

Visto desde el mundo de las empresas, esto es un retroceso. No se trata de una conversión, sino de mantener los valores antiguos reconociendo los contrarios. Integrar esas contradicciones es clave a la hora de interactuar con la

Generación Y dentro de las organizaciones. En la medida en que los líderes quieran eliminar la diferencia, la sombra, nunca lograrán el *feedback*, se convertirán en sordos y la realidad los pasará por arriba.

Masculino y femenino: los líderes toman los rasgos del sexo opuesto

Para Jung, *anima* y *animus*, femenino y masculino, respectivamente, son sustancias y todos las llevamos. Así las representa en un segmento de su bibliografía: "Especialmente en los países meridionales, se constata que en mujeres de edad aparecen notas masculinas, como voz ruda y grave, bigotes y rasgos del rostro duro. Y a su vez se dulcifica el aire físico masculino, con rasgos femeninos como adiposis y expresiones blandas del rostro".

En la vida corporativa se llama "*break down*" al hundimiento nervioso después de los 40 años. Quien se movía al estilo masculino, se vuelve un varón afeminado en términos psicológicos y les da vía libre a sus sentimientos y emociones, a veces, de manera indiscriminada. Al mismo tiempo, las mujeres desarrollaron un pensamiento masculino y una firmeza en la inteligencia que deja de lado el corazón y los sentimientos.

En muchas ocasiones, la mujer se vuelve autoritaria, hiperexigente y agresiva. Esto hace que los jóvenes, que tienen en su modelo mental otro tipo de mujer –su madre o las propias colegas cogeneracionales– se alejen de ese arquetipo de liderazgo. Lo mismo les sucede a las mujeres jóvenes, muy femeninas, a las que les resulta chocante esa actitud. Mientras transitan la mitad de su vida, las mujeres deberían volverse hacia sí para conservar –y cuidar– sus valores femeninos, conectarse con ellos para poder conservar la sensibilidad y la cercanía con los más jóvenes.

Lo cierto es que a veces los modelos de autoridad de las organizaciones (generalmente, lideradas por hombres) fomentan que las mujeres se masculinicen y las empujan a tomar actitudes varoniles. Eso es un error porque, como vimos en el Capítulo V, en el que desarrollamos el tema de la diversidad, pierden la riqueza que aporta lo femenino. Otro gran argumento para explicar este desacierto de parte de las compañías es que nuestros clientes y consumidores son esencialmente mujeres, y no mujeres masculinizadas. Esa transformación puede alejarlas de esa conexión con los de afuera, los que en definitiva hacen crecer a un negocio. La verdadera diversidad se da en las organizaciones cuando a las mujeres se las acepta como tales, no cuando se las obliga a masculinizar su liderazgo para que sean eficaces.

El hombre, en cambio, en la mitad de su vida –macho, con poder y jerarquía– empieza a sensibilizarse. Desde el punto de vista del liderazgo, la condición emocional conecta y resulta beneficiosa para las empresas. La Generación Y requiere más guía, ayuda y palabras de aliento y demanda escucha. Con lo cual, si el hombre se conecta con su parte femenina, no la reprime ni oculta, se gana el acercamiento emocional con los Y.

Esta es otra arista de la autenticidad en el liderazgo de una organización. El primer paso es no reprimir humores, afectos y emociones, ni excusarlos como si fuesen debilidades. Conversar con esos sentimientos y estados de ánimo, mirar hacia adentro, es una de las puntas del ovillo del liderazgo genuino y auténtico.

El descenso de la montaña

En la mitad de la vida uno empieza a percibir que está más cerca de la muerte. Diríamos que es el verdadero problema ante el que el hombre se enfrenta a esas edades. Es irreversible: el descenso de la montaña después de haber estado en la cumbre, el punto más alto no solo de la carrera, sino de la vida. Vislumbrar la muerte desespera a los hombres. Para Jung, la religión es una gran ayuda, un alivio, para aceptar la muerte, sobre todo en aquellas culturas que contemplan la posibilidad de la resurrección o la vida más allá de la muerte. Solo entonces tiene sentido la segunda mitad de la vida en sí misma, y también es una tarea.

La vida tiene una meta. En la juventud esa meta consiste en que el individuo se establezca en el mundo y alcance algo material o profesional, generalmente, como eje principal. Con el paso a la segunda mitad de la vida, el objetivo cambia. Está en el valle donde comenzó el ascenso y eso constituye la nueva meta. El que no toma ese camino, el que en cambio se aferra a su vida, pierde la relación de su curva vital psicológica y biológica.

Pero el ser humano, en general, mira para atrás. Se aferra y mira con nostalgia el pasado. Evoca, pretende vivir y resolver como cuando era joven. En lugar de prepararse para la vejez, se vuelca a la eterna juventud. No hay "iluminación sobre sí mismos", como apunta Jung. Eso quiere decir que el individuo no se presenta al mundo como es, sino que trata de ser como era, y ese tiempo es irrecuperable.

En las organizaciones, durante el proceso de descenso de la vida laboral, es natural que a una determinada edad el profesional pierda ganas, frescura, energía, la capacidad y la velocidad que tenía a los 20 años. Si ese profesional maduro pretende vivir y trabajar como un joven de 20, la carga psicológica es muy grande, porque en definitiva está negando lo que es. Y eso puede tener también repercusión en la salud física.

Si ese profesional asume su momento en la curva vital emocional y física, la presión psicológica cede y le permite interactuar con el entorno con autenticidad. Quizás asumirá un rol maternal/paternal con las bases, dejará de ser actor principal, aconsejará, dejará de competir. Podrá entrar con mayor facilidad y menos complejidad a las *networks* en las que funcionan los Y.

Además se relajará, porque ya es momento de descansar en los logros que ha conseguido durante todos esos años de carrera. No estamos hablando de bajar el desempeño o dejar de ir por nuevos desafíos, sino de hacerlo desde otra perspectiva, utilizando la energía de otra manera, más compensada y madura. Construirse como individuo antes de como ente corporativo. Mirar con distancia el mandato empresarial que pide no mostrar sentimientos, expatriarse para lograr éxito, tratar desde la jerarquía a los empleados, seguir el mandato y no desafiar el *statu quo*. En esta etapa de la vida, el hombre debería dedicarse con todas sus fuerzas espirituales a la –difícil– tarea de ser él mismo. Quienes lo consigan, sin duda estarán construyendo el liderazgo auténtico del que ya hablamos, el que garantiza una convivencia armónica con sus colegas de otras edades.

CAPÍTULO XI

LA POSMODERNIDAD LABORAL

Como analizábamos en la Introducción, los teóricos hablan del fin de una era. La modernidad terminó y le dio paso a una nueva época.

La indefinición de fronteras conceptuales de esta nueva era está marcada por la falta de un orden o sistema como su característica principal. Como dijimos, "hibridez" es una palabra icono de este tiempo, ya que establece la falta de características e ideas concretas y definidas que marquen fronteras con las épocas anteriores. La dilución de ideologías políticas en los términos en que las conocíamos antes es otra de las características. Por eso, se habla de la Generación Y como un conjunto de personas despolitizado en términos partidarios e ideológicos, y se la conoce más por sus preocupaciones respecto de temas globales como la ecología, la responsabilidad social, la participación democrática y la queja brutal contra gobiernos e instituciones.

La posmodernidad es un movimiento marcado a fuego por lo tecnológico, signado por la erosión de las fronteras; un nuevo tiempo que deja en evidencia, entre otras cosas, la crisis del sistema educativo y que erige el diseño antes que el contenido. Pero sobre todo es un período en el que la vida sucede en la virtualidad. Todo eso, y muchas facetas que analizaremos a lo largo de este capítulo, impactan en el mundo del trabajo. Entender este nuevo período que llamamos posmodernidad, ayuda a entender esencialmente los porqué de los Y en el mundo laboral que repasamos en todo este libro.

La tecnología les cambió el domicilio a los *millenials* y ahora son ciudadanos del mundo. Toda la caracterización que compartimos sobre la Generación Y hasta ahora es inherente a los jóvenes de cualquier país, de cualquier continente, incluso con los atenuantes que pueda imprimir la clase social a la que pertenezcan. Comparten música y películas, imágenes, experiencias, modas y tendencias en las redes sociales. Esa es la característica central de la posmodernidad laboral, un sistema de valores homogéneo y cimentado en procesos de interacción tecnológicos. No resulta extraño, entonces, que las compañías tengan los mismos problemas con su capital humano en diferentes rincones del planeta.

La posmodernidad borró las fronteras políticas, culturales o económicas tales como las conocíamos. Pero a diferencia de lo que ocurría durante la modernidad, ya no se habla de globalización, sino de *desterritorialización.* La interacción a través de las redes sociales parió seres del mundo, y así, el individuo local apenas toma contacto con la tecnología, empieza a extinguirse. Por eso, tal como señalamos en el apartado sobre expatriación, para ellos es más fácil trasladarse a otro país por trabajo. Podría decirse que aún en tierra extraña se sienten "como en casa".

Si el trabajo ya no constituye un lugar social, y de ahí la fragilidad en el empleo, el punto es cómo las organizaciones lograrán cubrir la demanda de habilidades profesionales requeridas. No es una tarea fácil: el sistema educativo no alienta vocaciones, las empresas no buscan en el semillero de las escuelas secundarias, y el Estado, que podría fomentar aquellas profesiones que requiere y requerirá el mercado, no interviene. Mientras los Y imponen nuevas reglas de juego, estas tres entidades fundamentales en la organización de una sociedad están desconectadas. Un cambio drástico a la hora de enseñar, una nueva actitud de parte de las compañías y un Estado activo en la construcción de la oferta laboral conforman la receta de cara al futuro, siempre con el foco en la construcción de vocaciones.

Justamente las vocaciones están siendo demolidas en la posmodernidad, y quizás esto sea uno de los grandes males a enfrentar. ¿Cuántos jóvenes saben, o al menos intuyen, qué quieren exactamente para su futuro profesional al terminar la escuela secundaria?, ¿cuántos cambian de carrera de forma sistemática?, ¿cuántos eligen carreras universitarias que ni siquiera conocen? La reconstrucción de la vocación es la tarea más urgente en la posmodernidad laboral.

Pizarrón o pantalla: el modelo educativo y la Generación Y

Vivimos en la posmodernidad pero en las escuelas públicas y privadas se enseña con los métodos del pasado. Los jóvenes viven conectados, pero el sistema educativo pretende que incorporen conocimiento sentados más de cinco horas frente a un pizarrón. Es una forma antigua de enseñar que pronto llegará a su límite. O mejor dicho, ya alcanzó a su límite. De allí los problemas de aprendizaje extendidos en todas las instituciones educativas, que tienen su base en la concentración de los estudiantes.

El proceso educativo está en crisis porque la exigencia de las escuelas y universidades públicas y privadas no se traduce en una ampliación de las capacidades de los estudiantes. Esta tendencia a exigir venía, en realidad, a cubrir una demanda de los padres de otras generaciones que buscaban rigurosidad académica creyendo que solo así su hijo conseguiría un nivel de excelencia. Una gran falacia: exigencia no significa desarrollo de capacidades.

Se ha sacado el foco del proceso de aprendizaje, de su construcción, y se lo ha puesto en los contenidos. Salvo excepciones, las instituciones educativas –sobre todo las de nivel primario y secundario– no ayudan a aprender y a entender. La energía está puesta en cumplir con una enorme cantidad de contenidos, como si eso garantizara la excelencia académica o generase capacidades de razonamiento para enfrentar el mundo afuera de las aulas.

Hoy las capacidades se construyen de otra manera. Y si el medio educativo no cambia los vehículos para transmitir conocimiento, chicos, adolescentes y jóvenes se aburrirán o perderán el foco. Los más pequeños se cansan de la rutina del colegio. Los grandes abandonan la universidad, o saltan de una carrera a otra, o se dedican a trabajar por cuenta propia. Unos y otros terminan sin lograr habilidades profesionales consolidadas. Esto, claramente, es un problema para las compañías que tienen que tratar de cubrir de alguna manera estas carencias. La gran cantidad de contenidos que se pretende imponer en el colegio y en la universidad no se traduce en mayor profundidad de conocimientos que definan una vocación o que habiliten para el desempeño laboral.

En este contexto, no es tan difícil entender por qué aumentan los casos de chicos con problemas de atención, dificultades en el aprendizaje, desconcentración, aversión al estudio o cansancio. Es que los que nacieron con el milenio se autoconstruyeron en el "modo pantalla". Pasan de la computadora a la Play Station, a la Wii, al *smartphone*, al televisor. Y de repente se encuentran en un aula donde deberán pasar varias horas de la jornada, durante cinco días a la semana, llevando y trayendo manuales, escuchando a un docente, el mismo que estará a cargo del grupo durante todo un año. Es inevitable –y hasta entendible– que esos chicos no se concentren, se aburran y los fastidie ir al colegio. La realidad virtual, de pantallas y de *switch* permanente del afuera poco tiene que ver con esa estructura de enseñanza que se da dentro de la institución educativa.

Tampoco se trata de crear un proceso de aprendizaje basado exclusivamente en pantallas, sino de entender de qué manera los más jóvenes consiguen captar ideas y conceptos y, sobre todo, desarrollar el gusto por lo que aprenden. La interactividad, los períodos más cortos de escucha, el cambio dinámico de lugar de clase, la experimentación externa (fuera del colegio) son algunas de las aproximaciones a nuevos sistemas educativos que puedan derribar el *statu quo* de un modelo que todavía tiene raíces metodológicas que provienen de otro siglo, en el cual ni siquiera existía la computadora.

Al mismo tiempo, asistimos a la decadencia de la orientación vocacional. Tanto en el secundario como en la universidad, los estudiantes interactúan en un sistema educativo que no los seduce a la hora de incorporar contenido, y por ende, su gusto por algunas orientaciones se diluye. Llegan a quinto año, egresan y no tienen la más mínima idea de qué o para qué seguirán estudiando, o a qué se dedicarán. Probablemente retrasen el ingreso a la universidad o vayan experimentando en los primeros años de carrera, cuando ya están en el trabajo. Esa es otra carencia fuerte del sistema educativo: a los jóvenes con una vocación poco clara los termina formando la organización en la que trabajan. Eso les saca tiempo, energía y recursos a las empresas, y a los propios jóvenes.

¿No sería mejor que las organizaciones invirtieran recursos para trabajar en conjunto con las instituciones educativas y el Estado para proveer esa guía vocacional antes de recibirlos como egresados universitarios? ¿Qué van a hacer las instituciones educativas para ayudar a los jóvenes a conectarse con sus deseos y necesidades? Si ellos viven de la experiencia, de la exploración, si lo vivencial es su búsqueda, ¿de qué manera van a prepararlos para que construyan su vocación?

La Generación Y valora lo práctico y disfruta mucho menos de la teoría. Aunque lo teórico es fundamental e inevitable en el proceso de aprendizaje, la necesidad de conectarla con el mundo real y práctico también lo es, y más aún para esta generación. Como se conectan mucho más con lo vivencial, es evidente que uno de los nuevos pilares que hay que poner en funcionamiento es trasladar los marcos teóricos del aprendizaje a experiencias "vivenciables", e incorporar tecnología, diseñar clases virtuales donde se ingrese contenido de manera interconectada. Es imperioso comprender y aceptar que los jóvenes de la nueva era no son lo que éramos nosotros, los que contamos más de tres o cuatro décadas. El sistema educativo ha de adaptarse a ellos, a sus deseos y necesidades, remodelando los métodos de enseñanza para que sean eficaces.

Así como en este libro hablamos de "la muerte de las oficinas" en forma metafórica, podríamos también señalar que estamos asistiendo al comienzo de "la muerte de las aulas", tal como las conocíamos hasta el presente.

Puentes vocacionales: el rol de las compañías y el Estado

Hay un cortocircuito entre las instituciones educativas de los niveles medio y superior, y las organizaciones. Lo mismo ocurre entre estas últimas y el Estado. Pero veamos antes qué sucede con las casas de estudio –públicas y privadas– y las empresas. En principio, estas se preocupan por reclutar y modelar carreras cuando los jóvenes están en la universidad, en lugar de hacerlo cuando cursan el secundario. Paradójico, porque es en el ciclo anterior donde los futuros trabajadores empiezan a definir sus vocaciones.

Entonces es allí donde las empresas deberían conquistar el corazón de los jóvenes para desarrollarlos en las áreas que el mercado necesita. Obviamente, en el modelo actual las empresas no deben esforzarse en el proceso, porque cuando salen de la universidad solo tiene que reclutarlos. Pero si fuese diferente, si las corporaciones se preocupasen por atender el nivel medio –el semillero–, dieran becas, alentaran el estudio, tendrían una buena cosecha de esa siembra. Sobre todo para las profesiones que hoy tanto escasean, como las relacionadas con las ciencias duras. Esto habla, también, de empresas socialmente responsables. Acompañar a los jóvenes a construir su vocación no es algo que esté incorporado todavía en el ámbito empresarial. Y sobre todo ayudarlos a modelar alternativas realistas de una salida laboral más fácil. Que las organizaciones cuenten en los niveles medios de educación qué profesionales necesitan, y expliquen para qué, es una manera de construir vocaciones y solucionar problemas de largo plazo en la creación de mano de obra calificada.

Las organizaciones en general no ayudan a los colegios ni a las universidades a construir vocaciones. Es decir, no se acercan de manera proactiva a contar qué se hace en una empresa, tampoco a construir ideas ni a trabajar sobre el deseo de los chicos. Está tan desconectado el mundo académico del laboral que los futuros empleados sufren una crisis muy fuerte al ingresar al trabajo. Cuando se sale de la escuela o el ámbito universitario, ni siquiera se imaginan cómo funciona una empresa, y por otro lado la vocación no es la que se creyó que era. Por ende, en los primeros años hay frustración, aburrimiento o "pérdida de tiempo". De allí que tantos jóvenes hoy en día se vayan rápidamente de una empresa, cambien de industria, de área o tan solo se den cuenta de que la profesión que habían elegido está en las antípodas de lo que imaginaban.

En la Argentina y en el mundo, hay carreras que crecen vertiginosamente como las de chef, diseño en todas sus expresiones, desarrollo de contenidos audiovisuales, las comunicacionales, las tradicionales como Psicología, Derecho y Administración de Empresas. Sobre todo las primeras experimentaron su *boom* en la última década. No está mal que esas carreras tengan más convocatoria, la cuestión es que hay otras que el mercado necesita y necesitará cada vez más, por lo tanto si no hay planificación de ese flujo se genera una oferta laboral para un mercado que no existe.

La presencia del Estado es imprescindible en este punto. En países desarrollados o en muchos en vías de desarrollo, el Estado interviene y regula la oferta laboral. Es decir, analiza cuáles serán las necesidades del mercado en los próximos diez o veinte años y en base a eso, trabaja en promoción de carreras y profesionales. Eso ayuda a construir vocación y a fomentar esas profesiones que tienen asegurada una rápida salida laboral una vez finalizados los estudios.

Un Estado que intervenga desde el colegio secundario, que indique qué va a precisar el país, cómo lo necesitará y cuáles son los aspectos positivos de esas ocupaciones, seduce a las estudiantes y descomprime la tarea de las organizaciones que hoy tienen que ocuparse de capacitar o esperar a que el empleado encuentre el oficio para el que es bueno o el que le gusta. Otra ventaja es que un Estado que estudia y proyecta cómo será el mercado laboral amplía el abanico de búsqueda de profesionales para las corporaciones. En resumen, Educación, Estado y organizaciones no pueden asistir a la muerte de la vocación que se da en la posmodernidad sin trabajar en conjunto.

¿A qué tendrán que hacerle frente las empresas en la posmodernidad?

Radio, televisión y cine, diarios y revistas en papel, teléfonos de línea. Los medios de comunicación tal como los conocemos recibieron la extremaunción de parte de sociólogos y cientistas. El fin de estos canales de información también impacta en el mundo del trabajo. En principio, porque las organizaciones deberán replantearse de qué manera comunicarán. El caso de los *house organs* (las revistas internas de las compañías) es emblemático. Por un lado, el soporte en papel entra en desuso, por el otro, no resultan atractivos y poca gente los lee. Ya tiene dos cosas en contra y le sumo otra: no hay *feedback*, como sí lo hay en las redes sociales. Nadie puede cuestionar nada ni agregar información a lo que se publique allí porque no existe un interlocutor.

Es lo contrario a lo que ocurre en Facebook, Twitter, LinkedIn y cualquier otro canal virtual donde la gente se pone en contacto. Las empresas empiezan a subirse a esos medios para comunicarse dentro de las compañías. La información es más confiable y existe la posibilidad de participar a los empleados para generar un ida y vuelta. Pero –es cierto– las organizaciones se exponen mucho más con estos medios. Ya lo dijimos, los Y no tienen filtro a la hora de decir lo que les gusta y lo que no.

Otra característica de la posmodernidad, y que está muy relacionada con la forma de comunicar, es el dominio de la imagen sobre el contenido. Instituciones y empresas son percibidas como marcas y aquí surge otra disyuntiva: ¿cómo nos diferenciamos como corporación para ser marcas confiables y atractivas? Solo si nos instalamos como marcas honestas, con valores, además de prestigiosas, nos ganaremos la confianza de los jóvenes. La cultura de las marcas es una avenida para construir compromiso y en la medida en que la marca sea confiable los jóvenes querrán ser parte.

Los *millenials*, a su vez, quieren diferenciarse entre sí a partir de las marcas. Algunos se definen por ciertas zapatillas, las que no usarían quizás otras personas del mismo segmento etario, económico y cultural. Uno se distingue del resto pero al mismo tiempo forma parte de ese resto. La identificación "marcaria" e individual se convierte, inexorablemente, en un colectivo. Ganar mercado en ese escenario es un verdadero desafío para las empresas.

Invertir en la marca corporativa es invertir en la capacidad de seducción de la compañía. Conseguir que los jóvenes quieran identificarse con esa marca es lograr el compromiso al final del camino. Es difícil construir prestigio en cualquier marca, pero más en una corporativa, y es, en la misma proporción, fácil destruirlo. Por eso son esenciales el cuidado y la honestidad en la construcción de esa marca.

Otra de las características de la posmodernidad que era inimaginable hace años es el lugar donde se dio la convergencia digital. Mientras sociólogos y tecnólogos señalaban a la computadora como "el" soporte, la convergencia digital se dio en el teléfono. Hoy todo pasa por el celular, el *smartphone*, un aparato que ya casi no se usa para hablar, sino para conectarse, chatear, interactuar en Facebook, en Twitter, bajar y escuchar música, ver videos, e intercambiarlos y compartirlos.

Al ser el teléfono el lugar de concentración digital, en algún momento las compañías van a tener que pensar de qué manera también confluirán digitalmente con los empleados a través del soporte que ellos más utilizan; esto será inevitable porque el teléfono móvil se volvió un instrumento básico para trabajar y para vivir. Pero hay que recorrer un largo camino: existen compañías que ni siquiera reconocen la importancia de la conexión tecnológica permanente a Internet, y la vedan. Entonces, el punto es de qué manera las organizaciones van a utilizar ese instrumento con el objeto de hacer trabajar a su gente a distancia, facilitarle las comunicaciones y el proceso de trabajo. Sobre todo cuando hablamos de trabajo virtual, la comunicación en una organización tiene que confluir en el teléfono. Hoy puede no resultar tangible, pero en pocos años será una condición básica para desarrollar las tareas laborales.

Mencionamos a comienzos de este capítulo que la posmodernidad desdibujó las fronteras y que, al estar conectados en forma permanente a las redes sociales, los ciudadanos son globales. Los del milenio tienen una permanente necesidad de estar en los nodos de las *networks*. Por eso, las redes sociales en las que interactúan y en las que pasan tanto tiempo hicieron que las búsquedas de profesionales pasen de los avisos clasificados que se publican en los diarios a Internet. Hoy las empresas aprovechan esos medios virtuales para reclutar personal, reduciendo, de paso, los costos que implica la búsqueda. Las propuestas de trabajo llegan por Facebook o LinkedIn, se lanzan y se replican por Twitter.

Las corporaciones están comprobando que las convocatorias tradicionales ya no surten efecto. Sí tienen respuestas las campañas virales a través de las redes sociales. Como empleadores, nos preguntamos de qué manera vamos a establecer los vínculos con el mercado de trabajo a través del medio digital que empieza a marcar el ritmo del mundo laboral.

La desestandarización es otro rasgo posmoderno. Los Y no quieren productos homogéneos, sino que buscan individualizar su producto, hacerlo a semejanza de ellos. En los Estados Unidos, por ejemplo, las primeras marcas de indumentaria deportiva ofrecen al cliente diseñar su propio modelo de zapatillas. El servicio le propone a ese consumidor que elija los detalles y el color que va a llevarse. Emergen, entonces, tres fenómenos: el producto se individualiza y experimenta, y el diseño adquiere más valor que el contenido. En este sentido, Apple, una de las compañías más admiradas en el mundo por los jóvenes, es un caso paradigmático.

Los jóvenes traen consigo estas singularidades y hay que conquistarlos. El trabajo que deben realizar universidades y compañías es llevarlos al plano de la experimentación real. En Unilever, por ejemplo, hay un proyecto muy exitoso que consiste en que un grupo de gerentes se acerque a la universidad y plantee una situación de negocio que los estudiantes deberán resolver. En otros casos, también se los saca de las aulas y se los lleva a las fábricas, o se los hace vivenciar relaciones con clientes y consumidores. Desde el principio, estos proyectos fueron muy valorados por los jóvenes, ya que el objetivo no era reclutar personal, sino construir marca de empleador y permitirles experimentar.

Como organización, es necesario proponer experiencias para seducir a los estudiantes. El reto es cómo lograr que sean atractivas. Internamente, también hay que hacerlo; por ejemplo, sacando a los profesionales de la oficina y haciendo salidas de campo para que observen cómo se conecta el consumidor con el producto en el punto de venta. Esta práctica tiene un plus: enlaza a los jóvenes con el negocio, con sus consumidores y con el cliente, y los ayuda a vivenciar una experiencia, que es lo que realmente valoran.

Sobre la búsqueda de individualización de los jóvenes, contar con políticas que permitan la diferenciación interna es más que importante. Los beneficios flexibles para empleados son un buen ejemplo en el que se está avanzando en el mundo desarrollado. Es probable que un adolescente de 18 años valore más que la empresa en la que trabaja le ofrezca viáticos o más tiempo de vacaciones antes que costee una prepaga de gran nivel o le dé un plan de pensión. A otro, quizás le interese más contar con el beneficio en salud y desista de los viáticos. Distinguir las necesidades de los empleados, alejándose de políticas uniformes, flexibiliza el clima de trabajo. Hace que espontáneamente los jóvenes se diferencien entre sí para construir su identidad y convivan en la diferencia. Muchas veces, las restricciones legales no permiten explorar profundamente esta flexibilidad en los beneficios, pero es algo que debería cambiar naturalmente con la consolidación de los *millenials* en el mercado de trabajo.

La multitarea, como vimos en varios capítulos del libro, es otro atributo de la posmodernidad, y debe ser explotado en universidades y en empresas. Como ya analizamos, ellos tienen la capacidad de manejar varias pantallas al mismo tiempo, lo que implica que puedan realizar muchas tareas de manera simultánea. Como contrapartida, también hemos mencionado que presentan un gran déficit de atención. Padres, docentes y empleadores no saben cómo manejar esta falta de concentración. Si en el pasado, el sentimiento que cruzaba el mundo laboral era el compromiso y el esfuerzo, en la posmodernidad es el aburrimiento. Los tipos de trabajo, la forma en la que están organizados y la cultura de muchas empresas hacen que los más jóvenes sientan monotonía, falta de ganas, ausencia de expectativas, frustración, sentimiento de agresión ante cualquier comentario o situación generada en el trabajo.

Todos esos fenómenos producen apatía antes que estrés. Es similar a lo que ocurre en el ámbito educativo. Como vimos, en muchos casos los lugares de trabajo están en las antípodas de lo que ellos necesitan y viven fuera de la organización. El gran desafío es cómo adaptarse a los *desfocalizados multitarea*, cómo recuperar su atención. Ya lo dijimos, hay que aprovechar esa conexión permanente que va más allá de la esfera del trabajo, lo que implica disolver otro límite, el de lo personal y lo laboral, a través del uso libre de la tecnología en todas las dimensiones de la vida.

Con la posmodernidad el empleo se fragiliza, cambia rápidamente y cimienta una nueva sociabilización, quizás algo superficial. Esto ocasiona cierta incertidumbre en los Y. La gran receta para las organizaciones es que sean verdaderas, honestas y creíbles en cuanto al mensaje. La autenticidad conlleva hablar de lo que no queremos, de lo que no funciona. Siempre que las compañías puedan entender necesidades, estados de ánimo y cuestionamientos de los jóvenes Y, la incertidumbre se diluye.

Quiero terminar el capítulo con una idea que repasamos tangencialmente con anterioridad. En el pasado, se hablaba de organizaciones privadas con fines de lucro. Creo que es un concepto muy poderoso pero parcial, porque se pensaba el lucro como el objetivo final de una organización. Una empresa es un *organon*, concepto de origen griego que significa "unión armoniosa que posibilita la vida"[1]. El objetivo final nunca puede ser exclusivamente la ganancia, sino que debe ser mejorar la vida de los individuos que en ella trabajan y de la comunidad en donde opera.

Probablemente, la mayoría de los emprendedores que iniciaron hace décadas o siglos una empresa, o los que la están comenzando en la actualidad, siempre piensen en cómo trascender a ellos mismos a través de una organización que no solo les dé la posibilidad de obtener ganancia, sino que cumpla un rol en la sociedad.

Ninguna sociedad podría exigir que las empresas no generen lucro, ya que es a partir de él que se produce el círculo virtuoso de la inversión y el crecimiento, pero lo que sí pueden exigir es que dicho lucro no sea el fin último. Ningún emprendedor o gran hombre de negocios inició su empresa con el único objetivo de ganar dinero. Todos la comenzaron con metas mucho más altas que tienen que ver con transformar y hacer mejor la sociedad en la que vivimos. El lucro puede ser un medio para que las empresas sean sustentables con el fin de transformar las sociedades y hacerlas mejor. Quizás esta sea la diferencia verdadera e insustituible entre una empresa socialmente responsable y una que no lo es.

Es allí donde todas estas ideas respecto de la creación de un mejor lugar de trabajo toman mayor sentido. ¿Por qué nos levantamos cada día para ir a trabajar?, ¿simplemen-

---

1. La palabra organización procede de la palabra griega *órganon*, que podría traducirse como "instrumento" o "herramienta". En un sentido de traducción estricto podríamos entender que se trata de un sistema o instrumento diseñado para alcanzar ciertas metas y objetivos. Pero en la antigua Grecia, la idea de "una unión armoniosa que posibilita la vida" era la que primaba por encima del concepto que posteriormente se fue desarrollando a lo largo de la historia desde la traducción literal. Por tanto y observando ese antiguo concepto griego, el objetivo final de una organización no debería ser exclusivamente alcanzar sus propias metas de ganancia, sino que debería ser uno bastante más amplio que incluyera la mejora de la vida de los individuos que en ella trabajan y de la comunidad en donde opera.

te para aumentar el lucro de la empresa que nos emplea? Cualquier líder o profesional tiene objetivos más altos y amplios. Allí se enmarca la visión de largo plazo de un negocio. Y allí cobra relevancia el colectivo humano con el que compartimos la rutina de todos los días. ¿Hacia dónde queremos conducirlo?, ¿cuáles son las metas?, ¿qué dejará este negocio a la sociedad en la que opera y a su gente? Estas son las preguntas sustanciales de los Y.

Paul Polman, actual CEO de Unilever, en una de sus primeras apariciones ante un grupo de inversores señaló dos conceptos que representan con bastante claridad esta idea que trato de exponer. La primera fue señalar que él no estaba en esa compañía para satisfacer a los accionistas, sino a los consumidores y clientes. Ese era su fin; si él lograba hacerlo, finalmente los accionistas se beneficiarían. La segunda expresión fue que no entendía cómo había CEO que creían que a partir del anuncio rimbombante de restructuraciones masivas o cierres de fábricas podían intentar ganar la confianza de accionistas e inversores sin que les importara perder la del resto de la sociedad. Una cosa es hacerlo cuando irremediablemente no hay posibilidades de salvar un negocio para que pueda seguir subsistiendo, y otra es llevarlo a cabo simplemente para que a través de un megaanuncio se recupere la confianza de los mercados. Hacer ese tipo de anuncios como si se tratase de una buena noticia es lo que cuestionaba en última instancia.

Los jóvenes de este tiempo están mucho más atentos a la responsabilidad de las compañías, y sus demandas se multiplican.

Una de las más importantes es la de sustentabilidad: de qué manera afecta o no al medio ambiente una organización, si perjudica o no a sus empleados, de qué forma los desarrolla como individuos y como profesionales. Esto es lo que define en la posmodernidad a una organización, porque la Generación Y no va en busca, exclusivamente, del dinero. Su aspiración más amplia tiene que ver con desarrollarse en una empresa socialmente responsable, que atienda sus necesidades y le brinde una vida más digna a ellos y a la sociedad en la que viven.

La Generación Z

Un gran interrogante que me gustaría dejar sentado es qué pasará con la Generación Y en el futuro. En qué momento el paradigma en el cual se desenvuelven se transformará o mutará en uno nuevo. Todavía no sabemos a ciencia cierta cuándo ocurrirá este cambio, cuándo terminarán de recorrer los diversos caminos que han emprendido. ¿Será cuando vuelvan de sus viajes de mochileros?, ¿cuando elijan definitivamente una carrera o una empresa, o logren establecer una relación de compromiso mayor con el lugar de trabajo?, ¿quizás cuando superen la frustración de no poder lidiar con los jefes?

Muchos son los que creen que los períodos de mayor estabilidad emocional, laboral y personal vendrán cuando se consolide su paternidad tardía. Es decir cuando se establezcan como padres o madres de familia. Esto, que ocurrirá mucho más tarde que en generaciones anteriores, probablemente hará que los ciclos de búsqueda y cambio permanente varíen hacia mayores niveles de tolerancia y continuidad en las organizaciones. ¿Serán los hijos tardíos la frontera cultural de la Generación Y con la Generación Z (los que hoy son adolescentes)? Es difícil saberlo ya, pero al menos es una perspectiva posible si pensamos en los cambios generacionales anteriores.

Respecto de los Z, quienes hoy son niños o adolescentes, presentan características similares a los Y, y probablemente estén exacerbadas por el acceso a tecnologías múltiples en edades más tempranas. Los problemas de atención y concentración producto de la conexión/desconexión permanente a las tecnologías se ven acrecentados en esta generación como ya pueden demostrarlo las instituciones educativas. La dificultad para articular un proceso de comunicación tradicional (con introducción, nudo y conclusión), la imposibilidad de profundizar contenidos y conectarlos abstractamente con ideas o aprendizajes previos son solo algunas de las características marcadas de los Z. Son pocas las instituciones educativas que han logrado estructurar metodologías aptas para estas nuevas dificultades y demandas, y sería justo preguntarse si las organizaciones no deberíamos también comenzar a pensar qué ocurrirá con ellos en pocos años, cuando ingresen al mercado laboral. Como vimos en este libro, más allá de que son muchos los dilemas con los Y que aún no hemos podido desentrañar o resolver, quizás sea un aprendizaje en sí mismo entender y revisar en profundidad el impacto impensado que han tenido los *millenials* en las organizaciones para poder estar mejor preparados para decodificar las necesidades y acoger con menos traumas a los actuales adolescentes en su incursión laboral del mañana.

Probablemente sean los Y quienes reciban en las organizaciones a los Z, y desde ese punto de vista la distancia en el sistema de valores y en los usos y costumbres sea mucho menor. Los Z parecen tener aun mayores dificultades vocacionales y de compromiso de largo plazo con las tareas.

La capacidad de un nuevo liderazgo, en este caso en manos de la Generación Y, probablemente sea un desafío más virulento de los Z, lo cual obligará a expandir aún más los límites de la convivencia y la flexibilidad de las organizaciones.

CAPÍTULO XII

LA ARGENTINA Y LA POSMODERNIDAD LABORAL

Mientras en este libro hemos hablado de Internet y de *networks*, de liderazgo y tecnología, expatriación y desarrollo de carrera, una porción muy importante de trabajadores en la Argentina ni siquiera llega al mercado de trabajo o ingresa de una manera tan marginal que hace que las reglas de juego y las posibilidades de exigencia de calidad laboral sean casi una utopía. Si de empleo se trata, nuestro país está cruzado por la precarización. Según el monitoreo de la consultora argentina SEL, publicado en diciembre de 2011, un tercio de la fuerza de trabajo en nuestro país es informal, lo que significa que 5,5 millones de personas en condiciones de trabajar no puedan hacerlo con los requisitos mínimos de calidad laboral, beneficios sociales y protección legal. Durante 2012, esta situación no ha tenido mejorías (tal vez sí, empeoramientos), así que dicho informe de SEL es muy apto para entender estadísticamente la realidad laboral argentina del presente.

La informalidad laboral es la principal causa de exclusión social. Quienes forman parte de ese segmento carecen de protección legal y de seguridad social, sus empleos son inestables, y también son los primeros en ser despedidos, a raíz de que no están registrados y por tanto el costo indemnizatorio es cero. Por supuesto, ganan mucho menos que los trabajadores formales, y no tienen acceso al crédito. La informalidad laboral es la puerta de entrada al mercado de trabajo de la mayoría de las mujeres, los más jóvenes y los menos educados.

Los datos del informe muestran que a partir de 2003, cuando la Argentina empezó a salir de la crisis en la que se sumergió en 2001, se crearon 3,4 millones de empleos, de los cuales la mayoría (3,1 millones) son formales. De estos, tres de cuatro ocupaciones son privadas. Lo cierto es también que desde 2007 se entró en un estancamiento en materia de trabajo. Entre ocho y diez millones de personas no pueden mejorar sus condiciones de vida y participar de una movilidad ascendente. Nuestro país vive una realidad compleja: hay empleo con calidad de países del primer mundo y también otros con características de países subdesarrollados.

La situación de los jóvenes pobres es la más difícil: cuatro de cada diez desempleados tienen menos de 25 años, y si consiguen empleo, generalmente no son registrados. Ocho de cada diez ocupados de hasta 19 años tienen trabajos informales; en el tramo más alto son seis de cada diez. Estos jóvenes ingresaron al mercado de trabajo porque abandonaron prematuramente el sistema educativo. El motivo principal de que la mayoría no haya terminado el secundario radica en que pertenecen a hogares de bajos recursos que no pueden mantenerlos, y deben salir a trabajar a edades muy tempranas. Pero hay otra razón que la iguala en importancia: por la débil formación en competencias básicas y el déficit en la preparación para el trabajo del sistema educativo no encuentran una relación clara entre la permanencia en el colegio y la posibilidad de competir con éxito por un empleo de buena calidad.

Pero los jóvenes "informales" quizás no sean la escala más baja de la degradación laboral y social. En ese último escalón se encuentran los jóvenes que no trabajan ni estudian.

Ellos constituyen el costado más sombrío de esta población en riesgo. Este fenómeno se da notablemente en el segundo y el tercer cordón del conurbano bonaerense y es, desde mi opinión, la explicación de una gran parte de la explosión social que se da en esas geografías. Esto se traduce, en un primer nivel, en desesperanza, desidia y aburrimiento; y en un segundo, en delincuencia, violencia y drogas.

Ellos también son la Generación Y, acceden a la tecnología y también se aburren rápidamente. Sin embargo, en el contexto que acabamos de mencionar, eso es una anécdota. Están fuera del mercado laboral o en sus márgenes. Pero tienen el techo mucho más cerca, lo que los imposibilita laboralmente. A diferencia de los Y de clase media y alta, la frustración se da a edades más tempranas. Esa frustración puede traducirse inexorablemente en desesperanza e imposibilidad psicológica y física de intentar el ingreso al sistema laboral.

Tal como lo exige la posmodernidad, en la Argentina el Estado debe crear estrategias en conjunto con las organizaciones y, al mismo tiempo, controlar seriamente al sector privado para poder terminar con la marginalidad laboral y con el trabajo en negro. La readaptación del sistema educativo, sobre todo el público, también es fundamental para integrar a esos jóvenes que, en muchos casos, ya no vieron trabajar a las dos generaciones que los anteceden. Como define el trabajo de SEL, la formalización del mercado de trabajo y la provisión de capital humano calificado, especialmente integrando a los jóvenes de hogares pobres para detener la reproducción intergeneracional de la pobreza, constituye, tal vez, el mayor desafío social de los próximos años. Está demostrado que la Argentina tiene posibilidades de desarrollar personal calificado y profesional para competir a nivel global. El problema está claramente dado en quienes no tienen acceso al proceso de calificación formal o que lo abandonan antes de terminarlo.

La extensión de la calidad de vida laboral, un problema de base

En la Argentina existen problemas de base que aún no se han solucionado. Es difícil plantear en términos generales los temas de calidad de vida laboral si el trabajo en negro no se ha eliminado, y si el segmento más joven de la población económicamente activa sigue desamparado. Sin embargo, esa no debe ser una excusa para que la meta de las compañías socialmente responsables no sea mejorar las condiciones laborales más allá de los problemas sociales que arrastra el país. En este sentido, el trabajo del sector público y el privado es clave para hacerle frente a esta realidad dual que plantea el mercado laboral en nuestro país.

Por un lado, el Estado no es capaz de controlar, y por otro, pequeñas y grandes empresas se aprovechan de las fisuras producto de la ineficiencia para controlar de los entes públicos. La segmentación laboral, la desigualdad de distribución del capital humano, el trabajo informal –en el que casi dos tercios no han completado el secundario– que deja a la deriva a los trabajadores, sin indemnización, protección legal ni seguridad social, coexiste con el empleo calificado y registrado, con beneficios sociales. Entonces, aunque existen, es difícil afirmar en general que las estrategias de involucramiento de los Y se extienden uniformemente en el mercado laboral, cuando lo básico todavía no encontró solución.

Hay mucho para hacer respecto del mercado laboral argentino. Una gran parte del compromiso, como lo dijimos, es del Estado que, por un lado, debe garantizar condiciones para que los privados puedan contratar a un costo adecuadamente competitivo (y aquí no estamos hablando de salarios bajos, sino de impuestos y cargas laborales acordes con el salario), y por el otro, controlar para que las leyes laborales se cumplan homogéneamente. Ese costo laboral competitivo no implica que se generen condiciones salariales indignas para el trabajador, sino que el Estado asegure un mercado salarial que permita desarrollar a la sociedad, pero que a la vez ayude a las compañías a crecer y ser rentables. De ese círculo virtuoso es desde donde se desarrolla el capital humano a nivel organizacional y social.

En la Argentina hay muchas empresas que tienen a su personal en perfectas condiciones laborales y que también se preocupan por desarrollarlo y protegerlo, pero muchas veces, como contrapartida, integran a empresas satélites –ya sean proveedoras o clientes– que no cumplen de la misma manera las reglas y leyes. Extender la calidad laboral significa que esas empresas modelo –sean grandes, pymes, ONG o el Estado como empleador, por caso– atiendan y controlen a quienes contratan como tercerizados, clientes y proveedores. De lo contrario, estarían colaborando indirectamente con la precarización laboral del mercado y transfiriendo a esos terceros la baja de sus costos laborales.

No solo pensar en el bienestar exclusivo de los empleados propios, sino también en la calidad laboral de quienes rodean a la propia organización debe ser un objetivo ineludible de las empresas que subcontratan servicios, o simplemente que se relacionan con clientes y proveedores. Eso habla de la responsabilidad social de una organización que extiende la calidad del trabajo no solo a sus empleados.

Que el Estado no controle a todos por igual es también una desventaja competitiva para las compañías que cumplen las reglas, porque conviven, en el mismo plano, las que pagan en blanco y con beneficios, y además están en la mira de la auditoría estatal en forma permanente, con las que no registran a su gente ni pagan impuestos. No solo control es lo que puede aportar el Estado, también creatividad para que los sectores más adversos puedan encontrar incentivos para la regularización laboral.

Un premio al blanqueo puede ser una buena medida para reducir el empleo informal, tal como sucedió con el registro del servicio doméstico, una idea que implementó el Poder Ejecutivo por ley, en 2005, a través de la Administración Federal de Ingresos Públicos (AFIP). Esta norma tuvo un doble efecto: por un lado, se regularizó a casi un millón de personas dedicadas a los quehaceres del hogar, y por otro, le permitió al empleador deducir parte de los sueldos pagados para el cálculo del impuesto a las ganancias. El Estado debe garantizar que los individuos o las organizaciones, además de generar lucro, desarrollen a la sociedad en la que operan.

En esa línea, hay otra falla del Estado, que ya fue mencionada en este libro. Hay profesiones básicas y fundamentales para el desarrollo y el bienestar de la sociedad que tienen profundas desventajas económicas. Es el caso de, por ejemplo, los docentes y los médicos. Estos profesionales, fundamentales para el desarrollo de la sociedad, requieren que el Estado opte por una posición de fomento. De acuerdo con el *ranking* sectorial de remuneración neta del empleo privado registrado, relevado por SEL con base en el Instituto Nacional de Estadística y Censos (INDEC), el salario de un trabajador dedicado a los servicios sociales, de enseñanza y salud era de $ 3.429 a fines de 2011. Los países de mayor desarrollo social del mundo, no por casualidad, invierten en el cuidado de esos oficios o profesiones que aseguran un acceso adecuado al resto de la población a los servicios básicos.

Una radiografía del segmento empobrecido. Los Y marginales

La Argentina supo "surfear" el pico del crac posconvertibilidad y la crisis económica internacional que se dio entre 2008 y 2009. Pero ocho años de crecimiento elevado de la economía y buen desempeño del mercado laboral todavía no sacaron de la pobreza a un quinto de la población argentina, aproximadamente. La Encuesta Permanente de Hogares, un banco de información que elabora el INDEC, ofrece un dato interesante. Por un lado, en la porción económicamente activa del cuartil de menor ingreso per cápita, es decir, el 25 % inferior, el desempleo supera el 17 % al que hay que sumarle otro 15 % que tiene trabajo intermitente, es decir, de alta rotación, ocupaciones informales de corta duración, con episodios recurrentes de desocupación. Este panorama mejoró muy modestamente desde 2007.

El 60 % de las personas económicamente activas del cuartil inferior de ingresos tienen una mala calidad laboral. Carecen de protección legal, seguridad social o beneficios como vacaciones, aguinaldo o licencias por enfermedad. Sus salarios, seguramente, están por debajo del convenio vigente para esa actividad. Ese mismo porcentaje también carece de obra social o medicina prepaga, por lo cual depende del sistema público de salud. Las condiciones de vivienda también son deficitarias, aunque este aspecto mostró una evolución durante el período 2007-2010. A pesar de la fuerte inversión en infraestructura, persisten altos índices de hacinamiento, casas levantadas en basurales o zonas inundables, o nulo acceso a la red de agua potable o cloacas. Esta fracción de la población aprobó, por lo menos, ocho años de educación. Este bajo perfil educativo se replica en el de la población económicamente activa. No sorprende entonces la dificultad que afrontan para conseguir empleos de buena calidad.

Por otro lado, aumenta la cantidad de jóvenes que no estudian ni trabajan. Se calcula que son unos 700.000, unos 150.000 más que en 2003, y que tienen entre 15 y 24 años. Muchos de ellos no vieron trabajar formalmente a sus abuelos ni a sus padres, y ellos mismos son padres o madres muy jóvenes. Se trata de personas en situación de exclusión extrema, desertores del sistema educativo, a los que se les hace muy difícil competir en el mercado laboral. Quedan afuera, incluso, de las ocupaciones informales y deben buscar ingresos en actividades clandestinas.

¿Qué pasa con la educación? Hasta la crisis de 2002, un padre sin trabajo podía confiarle su hijo al sistema educativo. Ese adolescente egresaba del secundario con una calificación que le daba la posibilidad de salir de la situación de pobreza. Hoy el escenario es distinto. Desde el punto de vista laboral, la pérdida de calificación por generación –lo que se llama "desempleo duro"– implica que esas personas nunca o muy difícilmente van a volver al mercado del trabajo formal. Esto, a su vez, prevé futuras generaciones excluidas. El problema es grave, de largo plazo y relativamente nuevo para la Argentina. Décadas atrás la articulación entre el modelo educativo público y el privado garantizaba menos exclusión laboral y, por ende, mayor movilidad social.

Conceptualmente, el programa de la Asignación Universal por Hijo, impulsado en octubre de 2009 por el Poder Ejecutivo, es una buena alternativa para tratar de quebrar el desempleo duro, además de tener el efecto colateral que obliga a los padres con hijos menores de 18 años a inscribirlos o reinsertarlos en el sistema educativo y cumplir con el calendario de vacunación. Arrancó con un subsidio de $ 180 por hijo, y en 2011, la cifra trepó a $ 270. En marzo de 2012, se anunció oficialmente un 25 % de aumento en la matrícula escolar. Más allá de este programa, del cual todavía está por verse su efectividad final, el Estado debe gestionar políticas activas para combatir la exclusión laboral que se origina por la desigualdad educativa.

Nada impacta más en el camino de la inclusión social que la inacción estatal en los procesos de inserción y reinserción laborales de la población más carenciada. Dejar librado al mercado o a la voluntad de los receptores de planes sociales la inserción laboral es demasiado riesgoso para todos los actores sociales.

¿Cómo hará el Estado para incorporar a estos jóvenes que hoy viven en una profunda marginalidad laboral? ¿Qué papel les toca cumplir a las organizaciones en este sentido? Una vez más, Estado y sector privado deben aunar esfuerzos y gestar estrategias para integrar a los que están fuera del mercado de trabajo, los que forman parte del núcleo del desempleo duro. El sector público tiene recursos al igual que el privado para incluirlos creando sistemas de capacitación para los relegados sociales.

No hay mejor modelo de integración social que el que ayuda a desarrollar habilidades profesionales y a conseguir empleo de calidad. En contraposición, está aquel que simplemente brinda un subsidio a la pobreza, sin ninguna contraprestación de la parte implicada. El ingreso por subsidio sin contraprestación de hoy es la continuidad de la pobreza en futuras generaciones. De aquí la importancia de que la ayuda económica venga acompañada de un requisito laboral o educativo, claro y controlable.

Los privados también tienen como tarea destruir el desempleo duro. Se requiere, claro, creatividad y compromiso. En Unilever, por ejemplo, implementamos hace algunos años una experiencia muy enriquecedora junto a una ONG llamada "Fundación de Organización Comunitaria" (FOC) que hace 26 años desarrolla programas de inserción social con jóvenes, adolescentes y niños. Nos comprometimos a dar una primera experiencia laboral a jóvenes que no lograban penetrar las barreras formales del mercado laboral: desempleados crónicos, madres solteras, personas con antecedentes penales. Es decir, jóvenes con serias dificultades para ingresar al mercado laboral. Se les dieron puestos de repositores, una tarea de baja calificación, algo para empezar. El efecto fue de lo mejor: no solo se conectaron con el trabajo, sino que se reconectaron con la vida. Y sus niveles de compromiso con las tareas y el aprendizaje fueron altísimos.

Es un desafío enorme para las compañías privadas derribar los prejuicios que envuelven a la marginalidad, pero cuando se logra, el impacto social es doblemente gratificante. Por otro lado, el compromiso de quienes estaban fuera y ahora están adentro es enorme. Por supuesto, el Estado debe ayudar en esta tarea garantizando canales adecuados para la inserción laboral de quienes están al margen del mercado de trabajo.

Jóvenes como los que participaron de estas experiencias pueden, en el mejor de los casos, tener un trabajo precario, que se divide en cuatro categorías: el empleo a tiempo parcial, el clandestino, el temporario y el de salario fraudulento. Estos son los empleos a los que acceden los excluidos sociales. Pero ellos también nacieron con el milenio. Al igual que sus pares de clases media y alta tienen acceso a la tecnología, conectividad a través de redes sociales y se aburren rápidamente. La convergencia digital también se da en sus celulares.

Hoy la penetración de teléfonos móviles en la Argentina es de las más altas del mundo, con más de un aparato por habitante. Eso indica que, incluso, los indigentes utilizan uno y, además, acceden con más facilidad a un celular que a una línea fija.

Pero algo muy profundo los diferencia: los Y marginales llegan antes a su techo y eso los imposibilita laboralmente. Ven limitado su ser creativo y eso los frustra a edades más tempranas. Para ellos, ver su horizonte tan cerca significa perder toda esperanza en el ingreso al mercado laboral. Ese segmento poblacional merece atención. Es urgente crearles espacios de capacitación y empleo para brindarles una perspectiva de ascenso social.

Algunas ideas para hacer pie en la posmodernidad

Trabajar en la base más vulnerable de la sociedad implica recuperar la escuela pública que antes funcionaba como el principal ecualizador social. Allí asistía el hijo del médico, el del plomero, el del verdulero, el del abogado. Las instituciones del Estado les brindaban a todos ellos las mismas oportunidades para ingresar al mercado laboral una vez egresados. Hoy los colegios y las universidades privadas ganaron matrícula sobre las estatales, y los motivos pueden leerse desde varios costados de la realidad: la educación paga es mejor en contenidos y ofrece más actividades extraescolares, la continuidad de las clases está garantizada porque no hay huelgas de docentes y tampoco hay problemas para conseguir vacantes. Pero mientras no se recuperen la calidad y el respeto de la educación pública habrá desigualdad.

Por otro lado, se necesita el control real del Estado sobre el trabajo, como ya dijimos. No es preciso hacerlo con grandes contingentes de inspectores, muchas veces basta con encontrar la punta del ovillo de la precarización para tirar de ella y encontrar el mundo escondido que hay detrás. Prefiero ilustrar este punto con un ejemplo.

La Salada es la feria comercial más grande de Latinoamérica. Nació en 1991 a la vera del Riachuelo, en Lomas de Zamora, y creció hasta 1999 de la mano de otras ferias satélite, la Ocean y Punta Mogotes. Allí es posible conseguir indumentaria a muy bajo costo que en su mayoría está hecha en talleres clandestinos de costura, con mano de obra indocumentada o retenida a la fuerza. O ilegales: sin habilitación o con trabajadores por los que no se pagan cargas sociales. En la feria se ofrecen modelos de ropa y zapatillas falsificados de marcas originales. Ocupa 20 hectáreas y adquirir un puesto de cuatro metros cuadrados cuesta 100.000 dólares.

A pesar de su magnitud, no existen cifras oficiales. Los números que maneja la misma feria indican que en promedio pasan 200.000 personas por jornada, en las que La Salada factura más de 150 millones de pesos. Aunque tributa al Municipio y a la Provincia de Buenos Aires, pocos de los 30.000 puestos entregan comprobantes de pago. Solo una vez, el 15 de marzo de 2009, La Salada fue inspeccionada. Con el objetivo de detectar casos de evasión impositiva e infracciones a la ley de propiedad intelectual, ese día la Agencia de Recaudación de Buenos Aires (ARBA) decomisó 33 camiones de productos cuya oferta era irregular. Y nunca más. Asumir y promocionar la venta de esos productos que provienen de la clandestinidad laboral, ¿no es, acaso, la aceptación del Estado del trabajo miserable?

En cuanto a los costos laborales, no son igualmente manejables para una pyme y para una gran compañía. Por lo tanto, es importante que a las pequeñas empresas se les den beneficios para incorporar personal y tenerlo en regla. De allí la pregunta sobre qué es mejor: dar mayor flexibilidad a los pequeños empleadores o aceptar lisa y llanamente que están fuera de toda legalidad. Hasta los países más progresistas entienden que brindar condiciones adecuadas para la contratación es la mejor manera de combatir la marginalidad laboral. Tener leyes laborales fuertes y protectoras pero que finalmente no se cumplen ni se controlan por parte del Estado es simplemente hipocresía compartida.

Otra cuestión importante en este sentido es fomentar la inversión extranjera que es, en definitiva, lo único que le da competencia al mercado laboral y calidad de empleo. Cuantas más empresas, tanto locales como internacionales, operen en un mercado, mayor será la disputa por recursos y talento, lo que finalmente redunda en mejoras de salarios y condiciones laborales. Las empresas extranjeras que quieran apostar con inversiones genuinas generarán más fuentes de trabajo y competitividad interna. Y esa es la punta de cualquier mercado laboral moderno.

Las empresas socialmente responsables harán la diferencia en la posmodernidad. Lo mencionamos antes: compañías que regularicen a sus empleados y que al mismo tiempo controlen que los proveedores y tercerizados que contratan hayan registrado a su personal. Los Y, de cualquier nivel socioeconómico, comenzarán por allí para auditar la responsabilidad social de una compañía.

Los sindicatos también deben asumir su rol: ayudar a controlar y capacitar. Los países deben mejorar sus niveles de productividad para competir en el actual contexto global. Por eso, más allá de preocuparse –con lógica– por mantener los niveles salariales que garanticen justicia social, deben incluir en la discusión el tema de la productividad: cómo ser más eficiente en el trabajo; cómo calificar al personal y cómo ayudar a desarrollar a los excluidos. Ningún país crece con políticas que reduzcan puestos de trabajo, si no se ayuda a la gente a ser más eficiente a través de la calificación laboral que redunda en productividad. Las organizaciones gremiales tienen la misma responsabilidad que el Estado en el sentido de proyectar qué trabajos y qué capacidades se requerirán en unos años y trabajar en conjunto con el sector privado para desarrollarlas.

Los contratos con extensiones también son una alternativa para atender a los problemas de la base de la pirámide. Flexibilizar el ingreso de jóvenes que desertaron del sistema educativo y también reintegrar a los mayores de 50 años que por algún motivo hayan perdido su empleo, pero que estén en condiciones de desarrollarse en el mercado, constituye una opción.

Son aproximaciones, sugerencias para adaptarse al cambio que supone esta nueva época. No es necesario "descubrir la pólvora". Con muchas de las herramientas con que actualmente cuenta el Estado, pero haciéndolas cumplir por igual y dando reglas de juego claras para el sector privado, sería suficiente para generar mejores condiciones laborales.

En la Argentina, es imprescindible que el Estado tome un camino proactivo en el control y en la proyección del empleo. Y que extienda las políticas inclusivas a la capacitación y especialización de los excluidos, sean jóvenes o adultos. Las organizaciones también tienen por delante una gran tarea: especializar a sus empleados, atender sus necesidades y registrarlos para que no queden afuera del sistema. La interacción de ambos sectores es indispensable para pensar un país con calidad de empleo y, por ende, de vida. Donde todos sus habitantes tengan las mismas posibilidades de crecimiento.

La posmodernidad laboral nos encuentra con muchos déficits en materia laboral que dividen el país entre gente con empleos de calidad internacional y gente que ni siquiera está registrada en el mundo laboral formal. Esas desigualdades son las que no permiten pensar exclusivamente en los jóvenes Y en los términos en que los hemos descripto en este libro y en su relación con las organizaciones. La Argentina tiene una tarea ineludible de base, previa, que implica la inclusión laboral de los marginales. Estado y privados deben compartir la tarea. Y, al mismo tiempo, el Estado debe coordinarla. Hay mucho que recorrer en materia laboral para impulsar el acceso al mundo del trabajo desarrollado y moderno que abarque a la totalidad de sus trabajadores. La manera en la que Argentina afronte los desafíos que impone la posmodernidad laboral, dependerá de las políticas públicas y la interacción con los privados. Nuestro país tiene por delante un gran cometido.

REFERENCIAS BIBLIOGRÁFICAS

Foglia, Gabriel: *Estudio sobre felicidad.* Primer informe, Universidad de Palermo-TNS Gallup, agosto de 2011.

Grün, Anselm: *La mitad de la vida como tarea espiritual - La crisis de los 40-50 años.* Narcea Ediciones, Madrid, 1988.

Olivera, Bruno; Resende, Nuno; Amieiro, Nuno y Barreto, Ricardo: *Mourinho, ¿por qué tantas victorias?* MC Sports, Madrid, 2011.

Peltin, Scott y Rippel, Jogi: *Sink, Float or Swim.* RedlineVerlag, Munich, 2009.

SEL Consultores: "Newsletter sobre la situación laboral y social de la Argentina, diciembre 2011". SEL, Buenos Aires, 2011.

Towers Watson: "Global Workforce Study". San Pablo, 2010.

Ulrich, Dave y Ulrich,Wendy: *The Why of Work.* McGraw-Hill, 2010.

ACERCA DEL AUTOR

Pablo Maison es argentino, tiene 42 años, está casado y es padre de tres hijos. Egresó de la Facultad de Ciencias Sociales de la Universidad de Buenos Aires (UBA) con el título de Licenciado en Relaciones del Trabajo. Además, cursó estudios de posgrado en Negocios y Desarrollo Organizacional en universidades argentinas y londinenses.

Trabaja hace dos décadas en Unilever, empresa global en la que ocupó posiciones en el área de Recursos Humanos, en la Argentina y el exterior. Entre otros cargos, fue gerente de Empleos, gerente de Capacitación y Desarrollo, gerente de Relaciones Industriales para la Argentina.

También se desempeñó en el exterior como gerente Regional de Recursos Humanos para IT Latinoamérica, con base en San Pablo, Brasil, y como gerente de Desarrollo Organizacional para Latinoamérica, con base en Londres, Inglaterra. A su regreso al país, ocupó el cargo de director de Recursos Humanos en el área de Alimentos, y luego en negocios integrados de limpieza, cosmética y alimentos para la Argentina, Uruguay y Paraguay.

En 2007, fue nombrado vicepresidente de Recursos Humanos de Unilever en el Cono Sur (Argentina, Chile, Perú, Bolivia, Uruguay y Paraguay) y en septiembre de 2012 fue promovido a la posición de vicepresidente de Recursos Humanos de Unilever Latinoamérica.

Previamente a Unilever, desarrolló tareas en el área de Recursos Humanos en la Compañía Argentina de Levaduras (CALSA).

Unilever en Argentina ha sido elegida por el ranking especializado de la revista *Apertura* (en el cual votan empresarios, consultores y periodistas) como "La mejor empresa para trabajar" del país en siete de las últimas ocho ediciones. Y en una ocasión ocupó el segundo lugar.

Asimismo, obtuvo el primer premio en tres cotejos y el segundo en una cuarta oportunidad como "Empresa de los sueños", elegida por estudiantes universitarios de la Argentina en la encuesta llevada a cabo por Compañía de Talentos y publicada en la revista *Apertura*.

Unilever también en varias ocasiones recibió distinciones a la "Innovación en Recursos Humanos" en el premio organizado por la empresa Meta 4.

Pablo Maison ha sido disertante y expositor en una amplia cantidad de congresos, conferencias y eventos realizados en la Argentina y en el exterior en temas mayoritariamente relacionados con la Generación Y, el desarrollo de talento en las organizaciones, diversidad y cambio organizacional. También cuenta con experiencia docente en las principales universidades del país.

Es autor de notas en reconocidos medios de comunicación de la Argentina, tales como los diarios *Clarín*, *La Nación* y *El Cronista Comercial*, y las revistas especializadas *Apertura*, *Fortuna* y *Mercado*, entre otros.

El trabajo en la posmodernidad. Reflexiones y propuestas sobre las relaciones humanas en tiempos de la Generación Y es su primer libro.

www.ingramcontent.com/pod-product-compliance
Lightning Source LLC
Chambersburg PA
CBHW060028210326
41520CB00009B/1045